Alfons Schuhbeck

Servus Österreich

Inhalt

Wenn i jetzt koa Bayer wär'…

… dann wäre ich vielleicht ein Österreicher. Kulinarisch gesehen auf alle Fälle. Österreich und i – wir passen einfach gut zusammen. Nicht, dass ich jetzt auswandern möchte, aber nirgendwo sonst kocht man so gerne so gut wie bei unseren Nachbarn. Und welches Land sieht schon von oben wie ein Schnitzel aus?

Die österreichische Küche ist k. und k. und k.: königlich, kaiserlich und vor allem köstlich. Schon früh sind sich im riesigen Habsburger Reich alle möglichen Geschmacksrichtungen begegnet. Im kulinarischen Schmelztiegel Wien kochten viele Nationen ihr Süppchen. Die Tiroler genauso wie die Tschechen, die Slowenen, die Kroaten, die Serben und natürlich die Ungarn. Außerdem hat halb Norditalien mitgemischt – vom Piemont bis nach Venedig.

Ich hab's ausprobiert: Österreich schmeckt immer auch ein bisschen international – ob man jetzt sein „Burenhäutl" am Wurststand isst, im Heurigen-Keller einen Liptauer genießt oder auf dem Naschmarkt dem Orient begegnet.

Eine gute Küche ist aber auch immer nur so gut wie ihre Produkte. Auch da haben die Österreicher einiges zu bieten: Würziger Käse von den Almen, frischer Fisch aus den Alpenbächen, kerniges Kürbiskernöl, zarte Hendl – da kann man beim Kochen schon fast nichts mehr falsch machen.

Österreich und i – das heißt nicht etwa, dass ich in diesem Buch original österreichisch koche. Unsere Nachbarn beherrschen ihre Küche schon perfekt, davon habe ich mich überzeugt. Es geht vielmehr um Inspiration und darum, in die Gerichte ein bisserl meine Persönlichkeit einfließen zu lassen – sozusagen einen kulinarischen Schlagobers vom Schuhbeck oben drauf zu setzen.

Viel Spaß beim Nachkochen und Nachschmecken.

Herzlich
Ihr Alfons Schuhbeck

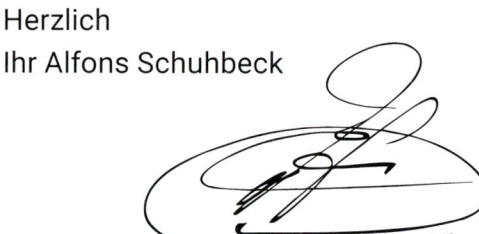

VORSPEISEN & SALATE

Wer original österreichische Vorspeisenkultur erleben möchte, der muss zum **Heurigen** gehen. Denn auf den dortigen Büfetts türmt sich alles, was kulinarischen Rang und Namen hat – und vor allem, was schmeckt und zum Wein passt. Vom berühmten **Liptauer Aufstrich** über **Salate mit Kürbiskernöl** bis hin zu **Tafelspitzsülze mit Krensauce** oder einem schlichten **Schmalzbrot**.

Die Österreicher sind aber auch wahre **Meister der Wurstküche.** Nicht nur die Wiener. In Salzburg zum Beispiel ist der berühmteste Hotdog zu Hause. Eine echte **Bosna,** die nur noch übertroffen wird vom **Schuh-beck-Dog** (siehe Seite 11).

Heurigenbüffet

LIPTAUER
FÜR 4 PERSONEN
- ½ Zwiebel
- ½ TL Kapern (in Lake)
- 3 Sardellenfilets
- ½ Essiggurke
- 250 g Frischkäse (Doppelrahmstufe)
- 50 g weiche Butter
- 1 TL Dijon-Senf
- Salz | Pfeffer aus der Mühle
- 1 fein geriebene Knoblauchzehe
- ½ TL fein geriebener Ingwer
- 2 TL edelsüßes Paprikapulver
- ½ TL Räucherpaprikapulver (Pimentón de la Vera picante)
- gemahlener Kümmel
- ½ TL abgeriebene unbehandelte Zitronenschale

EIERAUFSTRICH
FÜR 4 PERSONEN
- 10 Safranfäden
- 1 Msp. gemahlene Kurkuma
- 4 hart gekochte Eier
- 1 EL Mayonnaise (ca. 25 g)
- 100 g Frischkäse (Doppelrahmstufe)
- 1 TL Dijon-Senf
- je 1 Msp. fein geriebener Knoblauch und Ingwer
- 50 g weiche Butter
- mildes Chilisalz
- 2 EL Zwiebelwürfel
- 2 EL Essiggurkenwürfel
- 1 EL Schnittlauchröllchen

EINGELEGTER RADI
FÜR 8 BIS 10 PERSONEN
- 20 g Salz | 80 g Zucker
- 80 ml Weißweinessig
- 1 EL Gewürztee (z. B. Yogi- oder bengalischer Chai-Tee, ca. 10 g)
- 500 g weißer Rettich

LIPTAUER   Die Zwiebel schälen und in feine Würfel schneiden. Kapern, Sardellenfilets und die Essiggurke abtropfen lassen und fein hacken. Den Frischkäse und die weiche Butter glatt rühren und Senf, Zwiebel, Kapern, Sardellen und Essiggurke untermischen. Alles mit Salz, Pfeffer, Knoblauch, Ingwer, Paprikapulver, Räucherpaprika, 1 Prise Kümmel und Zitronenschale würzen. Den Liptauer in eine kleine Schüssel geben und nach Belieben mit Kapernäpfeln, Dillspitzen und Sardellenfilets garnieren (im Bild links oben).

EIERAUFSTRICH   Die Safranfäden und die Kurkuma in einer Tasse in 1 EL heißem Wasser etwa 10 Minuten einweichen. Inzwischen die Eier pellen und in kleine Würfel schneiden. In einem hohen Rührbecher Mayonnaise, Frischkäse, Senf, Knoblauch, Ingwer und weiche Butter mit dem Safran-Kurkuma-Wasser mit dem Stabmixer verrühren und alles mit Chilisalz würzen. Dann Eier, Zwiebel und Gurke unterrühren. Den Aufstrich in eine kleine Schüssel füllen und mit den Schnittlauchröllchen bestreuen (im Bild rechts oben).

EINGELEGTER RADI   In einem Topf ½ l Wasser mit Salz, Zucker und Essig einmal aufkochen. Dann vom Herd nehmen, den Gewürztee einstreuen und etwa 10 Minuten ziehen lassen. Anschließend den Tee durch ein Sieb gießen. Inzwischen den Rettich putzen, schälen und in 2 bis 3 mm dünne Scheiben schneiden oder hobeln. Den Rettich in ein großes Einmachglas (ca. 1 l Inhalt) geben und mit so viel heißem Fond übergießen, dass er damit vollständig bedeckt ist. Alles durchrühren und im Kühlschrank mehrere Stunden, am besten 1 Tag, durchziehen lassen. Zum Servieren den Rettich herausnehmen und abtropfen lassen, nach Belieben mit Kerbelblättern garnieren. Er hält sich im Kühlschrank mehrere Tage und passt zu jeder Brotzeit (im Bild unten).

TIPP   Zu den zwei Aufstrichen und dem eingelegten Radi des Heurigenbüfetts passt am besten Graubrot oder Schwarzbrot oder ein „gemischtes Gebäck" – das ist ein Brotkorb mit Kornweckerln, Salzstangerln oder Mohnweckerln.

EIN ECHTES MUSS: Der Liptauer darf keinesfalls fehlen auf einem traditionellen Heurigen-Büffet oder auf einem der gschmackigen Jausenbrettl in den Buschenschenken. Geboren wurde dieser Brotaufstrich wohl in dem gleichnamigen Ort in der Slowakei. Heute kommt als Basis Topfen oder Quark zum Einsatz, im Original ist es ein gesalzener Frischkäse aus Schafsmilch.

Schuhbeck-Dog

1 Eine Pfanne bei mittlerer Temperatur erhitzen und ½ TL Öl mit einem Pinsel darin verstreichen, die Zwiebelwürfel andünsten. Dann in eine Schüssel geben und mit beiden Senfsorten mischen, Schnittlauch, Estragon und Currypulver unterrühren.

2 Die Pfanne erneut bei mittlerer Temperatur erhitzen und das übrige Öl mit einem Pinsel darin verstreichen, die Würste bei mittlerer Hitze auf jeder Seite goldbraun braten. Von den Laugenstangen nach Belieben das Salz entfernen. Die Stangen der Länge nach etwa bis zur Hälfte einschneiden und etwas aufklappen. Dann im Kontaktgrill, Backofen oder in einer großen Pfanne kurz anwärmen.

3 Zum Servieren jeweils eine feste Serviette auf die Hand legen und 1 aufgeklappte Laugenstange daraufsetzen. Mit dem Zwiebel-Senf-Mix bestreichen und 1 Wurst darauflegen, nach Belieben mit Schnittlauchröllchen bestreuen. Die Laugenstangen zusammenklappen und leicht andrücken, nach Belieben zur Hälfte in die Serviette einwickeln.

TIPP Vor allem im Salzburger Raum ist ein eigenes Bosnagewürz sehr beliebt. Darunter versteht man eine Currymischung, die unter anderem Kurkuma, Koriander, Kreuzkümmel, Zimt, Ingwer, Knoblauch, schwarzen Pfeffer und Gewürznelken enthält.

FÜR 4 PERSONEN
- 1 TL Öl
- 1 EL Zwiebelwürfel
- 1 EL Dijon-Senf
- 1 EL mittelscharfer Senf
- 1–2 TL Schnittlauchröllchen
- 2 Estragonblätter (frisch geschnitten)
- 1 Msp. mildes Currypulver (siehe Tipp)
- 4 lange Schweinsbratwürste
- 4 Laugen- oder Brezenstangen

GEHEIMTIPP: Es ist nur ein kleines Fenster – aber ein Tor zu einem ganz besonderen Geschmack. Zwischen Getreidegasse und Pferdeschwemme in Salzburg gibt es einen einzigartigen Imbiss. Hier wird eine original Bosna serviert: Würstl mit Zwiebeln, Petersilie und einem geheimen Gewürz, in einer Semmel serviert. Ein Hotdog, aber à la Austria.

Hier geht's um die Wurst: Der Wiener Wurststand ist mehr als ein Imbiss

Ohne seine Würstlstandl würde sich so mancher Wiener wie ein armes Würstl fühlen. Denn so eine kleine Bude ist mehr als ein schnöder Imbiss. Das ist kulinarischer Kult für jeden Anlass und zu jeder Tages- und Nachtzeit – weshalb man die berühmten heißen Theken auch überall im Stadtgebiet findet. Am Naschmarkt sowieso, selbst hinter der Oper – und sogar am Zentralfriedhof. Fast jeder Wiener hat einen Geheimtipp, wo es die besten Burenwürste oder Waldviertler gibt.

Großer Kult um einen kleinen Snack für zwischendurch – sprachlich wie auch kulinarisch

Geheim ist auch die Sprache, mit der man eine Bestellung aufgibt. Originalton Wien: „A Eitrige mit an Buckel, an Krokodui und an 16er-Blech. Und zwar Jennifer!" Mit der Eitrigen ist die Käsekrainer gemeint, der Buckel ist ein Brotscherzl, das Endstück. Das Krokodil entpuppt sich als harmlose Essiggurke. Und ein 16er-Blech ist nichts anderes als eine Dose Ottakringer Bier, das im 16. Bezirk gebraut wird. Bei Jennifer zeigt sich die Sprachgewandtheit des Wieners in seiner gan-

01

zen Raffinesse. Die Bestellung soll flott erledigt werden, also „rasch" – so wie man den Nachnamen der Popsängerin Jennifer Rush ausspricht. Die Tradition der Wiener Würstlstände reicht bis ins 16. Jahrhundert zurück. Sogenannte Bratlbrater waren damals mit ihren mobilen Herden im ganzen Stadtgebiet unterwegs, um die ärmeren Bevölkerungsschichten mit warmen Würstln zu versorgen. Zwar hatten die meisten ein Dach über dem Kopf, eine Küche konnten sie sich aber nicht mehr leisten. Heutzutage nimmt man sein Wiener Fingerfood aus verschiedenen Gründen ein: in der Mittagspause, auf dem Heimweg oder beim Kneipenbummel zwischen zwei Vierteln Wein. Wichtig ist dem Wiener die Qualität. Denn nicht umsonst heißt so ein Würstlstand auch: das kleine Sacher.

01 Um die 200 Prominente kauften schon Wurstspezialitäten beim „scharfen René" (alias René Kachlir) in Wien: darunter Didi Hallervorden, Ursula Strauss und Tim Mälzer.

02 Das Geheimnis des guten Geschmacks? Die Würste sieden vor dem Braten in Rindsuppe – bis auf die Bratwurst.

03 Ein Highlight: die hausgemachte Currysauce, die ohne Ketchup auskommt. Für ihre Rezepte verwenden die Wurstbräter die schärfsten Chilis der Welt.

04 Seit 15 Jahren betreiben die Brüder René und Stefan ihren Wurststand. Ursprünglich sollte er „Zu den scharfen Brüdern" heißen. Aber das war ihnen dann doch zu zweideutig.

05 2016 und 2020 wurde der „scharfe René" zum besten Wurststand Wiens gekrönt.

04

02

03

05

Eingelegter Käse mit steirischen Käferbohnen

FÜR 4 PERSONEN
- 125 g steirische getr. Käferbohnen
- 2 Knoblauchzehen
- 1 Lorbeerblatt
- 1 kleine getr. rote Chilischote
- ½ rote Zwiebel
- 1 Stange Staudensellerie
- 50 g Cocktailtomaten
- 80 ml Hühnerbrühe
- 2 EL Apfelessig
- 1–2 EL Petersilienblätter (frisch geschnitten)
- 4 EL Salatöl
- Salz | Pfeffer aus der Mühle
- mildes Chilipulver
- Zucker
- 400 g steirischer Hartkäse (z.B. Stollenkäse; ersatzweise ein Bergkäse)

1 Am Vorabend die Bohnen in einer Schüssel mit Wasser bedecken und über Nacht einweichen.

2 Am nächsten Tag die Bohnen in ein Sieb abgießen. Dann in einem Topf in Wasser mit 1 halbierten Knoblauchzehe, Lorbeerblatt und Chilischote kurz aufkochen und offen knapp unter dem Siedepunkt etwa 1 Stunde 45 Minuten weich garen. Anschließend die Bohnen in ein Sieb abgießen und abtropfen lassen, die Gewürze entfernen.

3 Inzwischen die Zwiebel schälen und in feine Würfel schneiden. Den Sellerie putzen, waschen und in dünne Scheiben schneiden. Die Tomaten waschen und vierteln.

4 Für das Dressing die übrige Knoblauchzehe schälen und fein würfeln. Die Brühe mit Essig, Knoblauch, Petersilie und Öl in einer Salatschüssel verrühren und mit Salz und Pfeffer sowie je 1 Prise Chilipulver und Zucker würzen. Die Bohnen mit Zwiebelwürfeln, Sellerie und Tomaten unter das Dressing mischen und den Salat mindestens 30 Minuten ziehen lassen.

5 Zum Servieren die Hälfte des Salats auf einer Platte verteilen, den Käse in Scheiben schneiden und leicht überlappend darauf anrichten. Den übrigen Salat daraufsetzen, mit dem verbliebenen Dressing und nach Belieben noch mit etwas steirischem Kürbiskernöl beträufeln.

Erbsenravioli
mit Morcheln und Spargel

1 Für den Teig Mehl, Grieß, Eier, Olivenöl und 1 Prise Salz zu einem glatten, elastischen Nudelteig verkneten. In Frischhaltefolie gewickelt im Kühlschrank etwa 30 Minuten ruhen lassen.

2 Inzwischen für die Füllung die Kartoffeln schälen, klein würfeln und in der Brühe mit Lorbeerblatt, Chilischote und Knoblauch etwa 20 Minuten weich garen. Gewürze wieder entfernen, Erbsen dazugeben und alles einige Minuten ziehen lassen. Das Gemüse durch ein Sieb gießen und abtropfen lassen, dabei die Brühe auffangen.

3 Die Kartoffel-Erbsen-Mischung im Blitzhacker fein pürieren und durch ein Sieb streichen. Falls das Püree zu fest ist, noch etwas aufgefangene Brühe dazugeben und die Masse mit Salz, je 1 Prise Chiliflocken und Muskatnuss würzen und die braune Butter untermischen. Die Masse in einen Spritzbeutel mit Lochtülle füllen.

4 Den Nudelteig vierteln und jedes Teigviertel zu einer dünnen, langen Teigplatte ausrollen, dabei mit etwas Mehl bestäuben. 2 Platten mit verquirlten Eiweißen bestreichen und die Füllung als Häufchen im Abstand von 2 bis 3 cm daraufspritzen. Die beiden restlichen Teigplatten locker darüberlegen und mit den Fingern jeweils rund um die Füllung andrücken. Mit einem runden Ausstecher (ca. 4 cm Durchmesser) Ravioli ausstechen, dabei die Ränder möglichst ohne Luftblasen verschließen (Teigreste anderweitig verwenden, für andere Nudeln einfach alles nochmals verkneten und kurz ruhen lassen).

5 Für das Gemüse die Morcheln gründlich waschen und abtropfen lassen. Den Spargel waschen, schälen und die holzigen Enden abschneiden. Die Stangen längs halbieren und in etwa 4 cm lange Stücke schneiden. Den Spargel in einer Pfanne im Puderzucker bei milder Hitze andünsten, die Brühe hinzufügen und alles etwa 10 Minuten bissfest garen. Die Morcheln dazugeben und alles mit Salz, Pfeffer, Zitronenschale und Sherry würzen.

6 Die Ravioli in leicht siedendem Salzwasser etwa 3 Minuten ziehen lassen, mit dem Schaumlöffel herausnehmen und zum Gemüse geben. Butter, braune Butter und Petersilie hinzufügen und alles kurz durchschwenken. Mit Pfeffer bestreut servieren.

FÜR 4 PERSONEN
FÜR TEIG UND FÜLLUNG
- 300 g doppelgriffiges Mehl (Instant- oder Spätzlemehl)
- 120 g Hartweizengrieß
- 4 Eier
- 3 EL mildes Olivenöl
- Salz
- 2 mehligkochende Kartoffeln (à ca. 125 g)
- ¼ l Gemüsebrühe
- ½ kleines Lorbeerblatt
- 1 kleine getr. rote Chilischote
- ½ Knoblauchzehe (geschält)
- 400 g grüne Erbsen (blanchiert)
- milde Chiliflocken
- frisch geriebene Muskatnuss
- 1 EL braune Butter (siehe Seite 59)
- Mehl zum Arbeiten
- 2 Eiweiß

FÜR DAS GEMÜSE
- 200 g kleine Morcheln
- 250 g weißer Spargel
- ½ TL Puderzucker
- 150 ml Gemüsebrühe
- Salz | Pfeffer aus der Mühle
- 1 Msp. abgeriebene unbehandelte Zitronenschale
- 1 EL Sherry (medium)
- 1 EL Butter
- 2 TL braune Butter
- 1 EL Petersilienblätter (frisch geschnitten)

Gefüllte Zucchiniblüten
mit Bergkäse, Pilzen und Speck

FÜR 4 PERSONEN

FÜR DIE ZUCCHINIBLÜTEN

- 125 g Laugen- oder Brezenstangen
- 150 g Bergkäse (entrindet)
- 1 Zwiebel
- 1 Ei | 100 ml Milch
- ¾ TL Petersilienblätter
  (frisch geschnitten)
- getr. Majoran
- frisch geriebene Muskatnuss
- je 1 TL Fenchelsamen, Korianderkörner oder ganzer Kümmel für
  die Gewürzmühle
- Salz
- 8 Zucchiniblüten mit Frucht
  (bzw. mit Mini-Zucchini,
  den weiblichen Blüten)

FÜR DEN SALAT

- 60 g Frühstücksspeck
  (in Würfeln)
- 200 g kleine weiße Champignons
- je 1 EL Kerbel-, Basilikum-
  und Petersilienblätter
  (frisch geschnitten)
- 1 Schalotte
- 70 ml Gemüsebrühe
- 2 EL Essig | 3 EL mildes Olivenöl
- Salz | Zucker
- milde Chiliflocken

FÜR DEN BACKTEIG

- 75 ml gekühlter Weißwein
- Öl zum Frittieren
- 100 g Mehl | 25 g Speisestärke
- 1 EL mildes Olivenöl

1   Für die Zucchiniblüten von den Laugenstangen das Salz entfernen und die Stangen in kleine Würfel schneiden. Den Käse ebenfalls klein würfeln und mit den Laugenwürfeln in einer Schüssel mischen. Die Zwiebel schälen und fein würfeln. Die Zwiebelwürfel in einer Pfanne mit 100 ml Wasser weich garen, bis die Flüssigkeit eingekocht ist.

2   Das Ei mit der Milch verquirlen und mit Zwiebel, Petersilie, je 1 Prise Majoran und Muskatnuss in die Schüssel geben. Alles mischen, dabei aber nicht drücken. Fenchel, Koriander und Kümmel in eine Gewürzmühle füllen und die Knödelmasse damit würzen. Zuletzt mit Salz abschmecken. Von den Zucchiniblüten jeweils den Blütenstempel entfernen. Die Knödelmasse in einen Spritzbeutel mit großer Lochtülle füllen und die Blüten damit füllen, die Enden vorsichtig verschließen.

3   Für den Salat die Speckwürfel in einer Pfanne ohne Fett bei milder Hitze auslassen. Vom Herd nehmen und beiseitestellen. Die Pilze putzen, trocken abreiben und in Scheiben schneiden, mit den Kräutern mischen. Die Schalotte schälen und sehr fein würfeln. Die Brühe mit Essig, Olivenöl, etwas Salz sowie je 1 Prise Zucker und Chiliflocken in einer Salatschüssel mischen. Die Schalottenwürfel dazugeben, zuletzt die Speckwürfel und die Pilze untermischen.

4   Für den Backteig 120 ml kaltes Wasser und den Wein einige Minuten ins Tiefkühlfach stellen. Reichlich Öl in einer Fritteuse oder einem großen Topf auf 160 °C erhitzen. Das Mehl in einer Schüssel mit der Speisestärke mischen und mit eisgekühltem Wasser und Wein verrühren, zuletzt das Olivenöl untermischen.

5   Die gefüllten Zucchiniblüten durch den Backteig ziehen (die Mini-Zucchini dabei nicht in den Teig tauchen) und im Öl 6 bis 8 Minuten knusprig frittieren. Mit dem Schaumlöffel herausnehmen und auf Küchenpapier abtropfen lassen.

6   Zum Servieren den Champignonsalat auf Teller verteilen und die gefüllten Zucchiniblüten daneben anrichten.

Am Anfang war die **Rindssuppe.** So oder so ähnlich könnte die Schöpfungsgeschichte der österreichischen Küche anfangen. Auf das klassische Menü trifft das mindestens genauso zu. Mit einer Suppe und diversen Einlagen wie **Frittaten** (Pfann-kuchen) oder **Knödeln** startet der Österreicher sein Essen.

Der berühmteste Kaspar war der österreichische Langzeit-kaiser Franz Joseph I.. Seine Majestät ließ sich seine Rinds-suppe ganz bescheiden servie-ren. Mit Kohl oder Kohlrabi, ein bisserl Kren (Meerrettich) dazu, mit Zwiebel und alt-backenem Brot. Und Fleisch natürlich. Fertig war das Mahl des bescheidenen Herrschers.

SUPPEN & KLEINE GERICHTE

Rindssuppe mit Frittatenstrudel

FÜR 4 PERSONEN

FÜR DIE FRITTATEN-STRUDEL

- 35 g Mehl
- Salz
- frisch geriebene Muskatnuss
- 100 ml Milch
- 1 Ei
- 1–2 EL zerlassene Butter (lauwarm)
- Butter zum Ausbacken
- 150 g Schweinswürstelbrät (vom Metzger)
- 3 EL Sahne
- 1 TL Petersilienblätter (frisch geschnitten)
- mildes Chilisalz
- frisch geriebene Muskatnuss
- 1 Msp. abgeriebene unbehandelte Zitronenschale

AUSSERDEM

- 1–1,2 l Rinderbrühe
- frisch geriebene Muskatnuss
- je 2 EL blanchierte Gemüserauten (von Karotte, Knollensellerie und Lauch)
- 1 Liebstöckelblatt (frisch geschnitten)
- 1 EL Schnittlauchröllchen
- Sherry (nach Belieben)

1 Für die Frittaten das Mehl mit je 1 Prise Salz und Muskatnuss in eine Rührschüssel geben. Die Milch dazugießen und alles mit einem Schneebesen glatt rühren, das Ei unterrühren und zuletzt die zerlassene Butter hinzufügen. Den Teig mindestens 20 Minuten ruhen lassen.

2 In einer kleinen Pfanne (ca. 20 cm Durchmesser) etwas Butter zerlassen. Den Teig darin portionsweise bei milder Hitze zu 4 dünnen Pfannkuchen ausbacken, herausnehmen und abkühlen lassen.

3 Für die Füllung das Brät mit der Sahne glatt verrühren. Die Petersilie unterrühren und alles mit Chilisalz, Muskatnuss und Zitronenschale würzen. Die Pfannkuchen jeweils dünn mit der Brätmischung bestreichen und kompakt aufrollen. In Frischhaltefolie wickeln und in einem Topf in 90 °C heißem Wasser 10 bis 15 Minuten ziehen lassen. Herausnehmen und kurz abkühlen lassen, aus der Folie wickeln und schräg in etwa 1 cm dicke Scheiben schneiden.

4 Zum Servieren die Brühe in einem großen Topf erhitzen und das Gemüse darin einige Minuten ziehen lassen. Jeweils etwas Muskatnuss in vorgewärmte tiefe Teller reiben, die Frittatenstrudelscheiben darauflegen und die Brühe samt Gemüserauten darübergießen. Mit Liebstöckel und Schnittlauch bestreuen und nach Belieben noch jeweils mit 1 Spritzer Sherry beträufeln.

TIPP Eine weitere typische Suppeneinlage sind Topfenschöberl. Dafür den Backofen auf 180 °C vorheizen. Eine Auflaufform (ca. 20 × 30 cm) mit Backpapier auslegen. 50 g Mehl mit 1 Msp. Backpulver sieben. 50 g weiche Butter schaumig rühren und 4 Eigelbe (zimmerwarm) nacheinander unterrühren, mit Pfeffer und 1 Prise frisch geriebener Muskatnuss würzen. 80 g Sahnetopfen unterrühren, 4 Eiweiße mit 1 Prise Salz cremig steif schlagen und samt Mehl unter die Eigelb-Topfen-Masse heben. Den Schöberlteig ½ bis 1 cm hoch in der Form verstreichen und gleichmäßig mit 100 g Kochschinkenwürfeln bestreuen. Im Ofen auf der mittleren Schiene etwa 15 Minuten backen. Die Form aus dem Ofen nehmen, die Schöberlmasse abkühlen lassen und zum Servieren in 1½ bis 2 cm große Rauten schneiden.

Weinsuppe mit Zander und gerösteten Brotwürfeln

1 Für die Suppe den Wein in einem kleinen Topf offen bei mittlerer Hitze etwa auf ein Drittel einkochen lassen. Piment, Wacholder, Pfeffer, Koriander und Fenchel in einer Pfanne ohne Fett unter Rühren leicht rösten. Herausnehmen und etwas abkühlen lassen, dann im Mörser andrücken. Zwiebel schälen und fein würfeln. Pilze putzen und trocken abreiben. Sellerie putzen, waschen und klein würfeln.

2 Zwiebel, Pilze und Sellerie in einem Topf ohne Fett bei milder Hitze kurz andünsten. Mit Puderzucker bestäuben und hell karamellisieren. Weinreduktion und Brühe dazugießen und die Gewürzmischung zur Suppe geben. Die Speisestärke mit etwas kaltem Wasser glatt rühren, in die Suppe geben und köcheln lassen, bis diese sämig bindet. Lorbeer, Chilischote, Knoblauch und Ingwer einige Minuten in der Suppe ziehen lassen. Die Suppe durch ein Sieb gießen, dabei die ganzen Gewürze, Gemüse und Pilze entfernen. Die Sahne dazugießen, die Suppe mit Chilisalz würzen und die braune Butter untermischen.

3 Inzwischen für die Einlage das Brot in größere Würfel schneiden. Koriander, Pfeffer und Kümmel in eine Gewürzmühle füllen. Die Brotwürfel in einer Pfanne in der Butter bei milder Hitze rundum knusprig braten und mit der Mischung aus der Gewürzmühle würzen. Pfifferlinge gründlich putzen, falls nötig, waschen und trocken tupfen. Eine Pfanne bei mittlerer Temperatur erhitzen und ½ TL Öl mit einem Pinsel darin verstreichen, die Pilze 1 bis 2 Minuten andünsten, ebenfalls mit der Mischung aus der Gewürzmühle und mit 1 Prise Salz würzen.

4 Das Zanderfilet in 4 Stücke schneiden, waschen und trocken tupfen. Eine weitere Pfanne bei mittlerer Temperatur erhitzen und das übrige Öl mit einem Pinsel darin verstreichen. Die Zanderfilets mit der Hautseite kurz in das Mehl legen, dann in der Pfanne auf der Hautseite 3 bis 4 Minuten kross anbraten. Den Fisch wenden, die Pfanne vom Herd nehmen, den Fisch in der Nachhitze der Pfanne 1 bis 2 Minuten glasig durchziehen lassen. Herausnehmen und auf Küchenpapier abtropfen lassen. Mit der Mischung aus der Gewürzmühle würzen.

5 Zum Servieren die Suppe ggf. erwärmen, mit dem Stabmixer aufschäumen und auf vorgewärmte tiefe Teller verteilen. Die Zanderstücke mit der Haut nach oben daraufsetzen und mit Brotwürfeln, Pilzen und Frühlingszwiebelgrün bestreuen. Nach Belieben mit Staudenselleriescheiben und -blättern sowie Mini-Basilikum garnieren.

FÜR 4 PERSONEN

FÜR DIE SUPPE
- ¼ l Weißwein
- 3 Pimentkörner
- 3 Wacholderbeeren
- je ½ TL schwarze Pfeffer- und Korianderkörner und Fenchelsamen
- 1 Zwiebel
- 1 Handvoll Champignons
- 2 Stangen Staudensellerie
- 1 TL Puderzucker
- 1 l Hühnerbrühe
- 1 EL Speisestärke
- 1 Lorbeerblatt
- 1 kleine getr. rote Chilischote
- 1 Knoblauchzehe (in Scheiben)
- 2 Scheiben Ingwer
- 250 g Sahne
- mildes Chilisalz
- 1 EL braune Butter (siehe Seite 59)

FÜR DIE EINLAGE
- 2 Scheiben Land- oder Mischbrot (ersatzweise Weißbrot)
- je 1 TL Koriander- und schwarze Pfefferkörner und ganzer Kümmel für die Gewürzmühle
- 1 EL Butter
- 150 g Pfifferlinge
- 1 TL Öl
- Salz
- 200 g Zanderfilet (ohne Gräten)
- doppelgriffiges Mehl (Instant- oder Spätzlemehl) zum Wenden
- 2 EL Frühlingszwiebelgrün (in dünnen Ringen)

Vom Heurigen, Buschenschank und vielen Laterndlern

Wien, Wein und Gesang. Dieses Trio gehört einfach zusammen. Schon der Volksschauspieler Hans Moser nuschelte in dem berühmten Lied „Die Reblaus": „I muaß im frühern Lebn eine Reblaus gwesen sein. Ja, sonst wär die Sehnsucht nicht so groß nach einem Wein. Drum tu den Wein ich auch nicht trinken, sondern beißen." Gebissen wird der Wein viertel- oder achterlweise, am liebsten in einem der „Heurigen-Lokale" in Wien und um Wien herum. Rund 100 dieser Gaststätten, die ursprünglich direkt an den Weinbergen lagen, existieren heute noch. Sie sind eng verwandt mit den Buschenschenken. Am Eingang wird ein Tannen- oder Fichtenzweigerl angebracht – der sogenannte Buschen. So weiß jeder, dass geöffnet ist – meist für mehrere Wochen im Jahr, je nach Region. Beim klassischen Heurigen serviert der Wirt drei Arten von Wein: den Heurigen, den Alten und den Spezi. Der Heurige ist der ganz junge Wein. Im Gegensatz zum Alten. Und der Spezi kommt von Spezial, da handelt es sich um einen besonderen Jahrgang oder seltenen Tropfen.

Was Schrammelmusik mit leidenden Wienern zu tun hat

Damit die Wiener nicht zu weinselig werden, wird beim Heurigen gut aufgetischt: Schmalz, Aufstriche, Buletten, Salate oder Schweinsbraten. Zu den Köstlichkeiten passen die Schrammeln: Das sind die Musiker, die live beim Heurigen spielen, benannt nach den Brüdern Johann und Josef Schrammel. Ende des 19. Jahrhunderts waren sie eine der ersten Musikgruppen, die von Lokal zu Lokal zogen. Die Schrammelmusik klingt etwas melancholisch – was dem Gemütszustand eines typischen Wieners entspricht. Bei dieser Musik und ein paar Vierterln lässt es sich so richtig schön leiden. Die, die bis zum Ende durchhalten und etwas zu tief ins Glas geschaut haben, nennt der Wiener auch „Laterndler". Warum? Früher zeigte eine Petroleumlampe an, ob der Heurige noch geöffnet hatte. Erlosch das Licht, war es Zeit zu gehen – und im Dunkeln weiterzutapsen.

01

02

01 Zu einem Heurigenbüffet gehören vor allem regionale Spezialitäten wie Liptauer und Wurstspezialitäten.

02 Trotz der alpinen Lage zählt Österreich zu den sieben größten Weinerzeugern weltweit.

03 Die Heurigen etablierten sich vor über 200 Jahren und gehören in Wien einfach dazu. Ganz bekannt: der Stadtheurige „Zwölf Apostelkeller" in Wien.

04 Einen „Gemischten Satz" trinken die Österreicher gern: ein Wein, der aus vier bis sechs Rebsorten besteht, die nach der Lese miteinander verpresst werden. Stammen alle Rieden aus Wien, ist es ein „Wiener Gemischter Satz".

05 Über 65 Prozent der angebauten Rebsorten in Österreich sind weiß.

03

04

05

02

01   Zu einem Heurigenbüffet
      gehören vor allem regionale
      Spezialitäten wie Liptauer und
      Wurstspezialitäten.

02   Trotz der alpinen Lage zählt
      Österreich zu den sieben größ-
      ten Weinerzeugern weltweit.

03   Die Heurigen etablierten sich
      vor über 200 Jahren und gehö-
      ren in Wien einfach dazu. Ganz
      bekannt: der Stadtheurige
      „Zwölf Apostelkeller" in Wien.

04   Einen „Gemischten Satz" trin-
      ken die Österreicher gern: ein
      Wein, der aus vier bis sechs
      Rebsorten besteht, die nach der
      Lese miteinander verpresst
      werden. Stammen alle Rieden
      aus Wien, ist es ein „Wiener
      Gemischter Satz".

05   Über 65 Prozent der angebau-
      ten Rebsorten in Österreich
      sind weiß.

03

04

05

Kaspressknödel in der Suppe

FÜR 4 PERSONEN

FÜR DIE KNÖDEL

- ½ Zwiebel
- ¼ Apfel
- 125 g Toastbrot
- 50 g Tiroler Bergkäse (am Stück)
- 50 g Graukäse
  (ersatzweise Bergkäse; am Stück)
- 70 ml Milch | 1 großes Ei
- mildes Chilisalz
- 1 Msp. geriebene unbehandelte
  Zitronenschale
- frisch geriebene Muskatnuss
- 1 EL Petersilienblätter
  (frisch geschnitten)
- 1 EL Schnittlauchröllchen
- 1 fein geriebene Knoblauchzehe
- 50 g Weißbrotbrösel
- 5 EL braune Butter
  (siehe Seite 59)

FÜR DIE SUPPE

- 1 l Rinderbrühe
- je 2 EL blanchierte Gemüsestreifen (von Karotte, Knollensellerie, Lauch)
- Salz | Pfeffer aus der Mühle
- frisch geriebene Muskatnuss
- 1 EL Schnittlauchröllchen

1 Für die Kaspressknödel die Zwiebelhälfte schälen und in feine Würfel schneiden. In einer Pfanne mit 80 ml Wasser weich garen, bis die Flüssigkeit eingekocht ist. Vom Herd nehmen.

2 Inzwischen das Apfelviertel schälen, entkernen und in sehr kleine Würfel schneiden. Das Toastbrot in etwa ½ cm große Würfel schneiden. Zwiebel, Apfel und Toast in einer großen Schüssel mischen. Die beiden Käsesorten ebenfalls in sehr kleine Würfel schneiden oder grob reiben.

3 Die Milch einmal aufkochen und vom Herd nehmen. Das Ei verquirlen und mit der Milch verrühren. Die Eiermilch mit Chilisalz, Zitronenschale und 1 Prise Muskatnuss würzen und über die Zwiebel-, Apfel- und Brotwürfel gießen. Käse, Petersilie, Schnittlauch und Knoblauch dazugeben und alles gründlich mischen. Die Masse zugedeckt etwa 10 Minuten ziehen lassen.

4 Anschließend aus der Masse mit angefeuchteten Händen 4 größere oder 8 kleine Pflanzerl formen und rundum in den Weißbrotbröseln wenden. Dann in einer Pfanne in der braunen Butter bei mittlerer Hitze auf jeder Seite goldbraun braten. Herausnehmen und auf Küchenpapier abtropfen lassen.

5 Zum Servieren die Brühe in einem großen Topf erhitzen und die Gemüsestreifen darin einige Minuten ziehen lassen. Die Suppe mit Salz und Pfeffer abschmecken. Jeweils etwas Muskatnuss in vorgewärmte tiefe Teller reiben, die Suppe samt Gemüsestreifen darauf verteilen und jeweils 1 großen oder 2 kleine Kaspressknödel hineinsetzen. Mit Schnittlauch bestreuen.

BESONDERS WÜRZIG: Tiroler Graukas ist ein klassisches Armeleuteessen, weil er aus Magermilch hergestellt wird. Und fettarme Milch war nach dem Abschöpfen des Rahms früher fast immer im Überfluss vorhanden. Mit Milchsäurebakterien versetzt und im Keller zehn Wochen gereift – der Graukäse war eine Art Fast-Food-Cheese der Almen.

Mühlviertler Speckknödel mit warmem Krautsalat

1 Für die Knödel die Kartoffeln waschen und in einem Topf in Salzwasser weich garen. Abgießen, kurz ausdampfen lassen, noch heiß pellen und durch die Kartoffelpresse drücken. Mit Speisestärke, Mehl, Grieß, brauner Butter und Ei glatt verkneten. Die Masse mit Chilisalz, Pfeffer und Muskatnuss würzen und zugedeckt etwa 30 Minuten ruhen lassen, damit sie etwas fester wird.

2 Inzwischen für die Füllung eine große Pfanne bei milder Temperatur erhitzen und das Öl mit einem Pinsel darin verstreichen. Die Speckwürfel einige Minuten anbraten. Lauch- und Pilzwürfel dazugeben und alles andünsten. Mit je 1 Prise Bohnenkraut, Räucherpaprika und Salz würzen, vom Herd nehmen und etwas abkühlen lassen.

3 Für den Guss Frischkäse, Sahne und Eigelbe in einem hohen Rührbecher mit Chilisalz und Muskatnuss würzen und mit dem Stabmixer gleichmäßig fein pürieren. Den Backofen auf 180 °C vorheizen. Eine Auflaufform mit Butter einfetten.

4 Aus der Kartoffelmasse mit angefeuchteten Händen 8 Knödel formen. Jeden Knödel in der Hand etwas flach drücken, etwa 15 g Füllung daraufgeben und mit Knödelteig umschließen. Jeweils zu einem glatten Knödel formen und diese nebeneinander in die Form setzen. Die Knödel mit dem Frischkäse-Eigelb-Guss übergießen und im Ofen auf der mittleren Schiene etwa 30 Minuten backen.

5 Währenddessen für den Salat vom Kohl die äußeren Blätter und den harten Strunk entfernen. Den Kohl auf der Gemüsereibe fein hobeln, in einer Metallschüssel leicht mit Salz würzen. Paprika halbieren, entkernen, waschen und klein würfeln. Kümmel in der Pfanne mit Puderzucker hell karamellisieren, vom Herd nehmen und abkühlen lassen. Essig mit Brühe, 1 Prise Zucker und Chilisalz mischen.

6 Den Spitzkohl in einem Topf ohne Fett andünsten, die Paprika dazugeben und kurz mitdünsten. Den Essigsud dazugießen und alles kurz erhitzen, dann in eine Schüssel füllen und beide Ölsorten unterrühren. Den Krautsalat mit Dill und der Mischung aus der Gewürzmühle würzen und noch etwa 10 Minuten ziehen lassen.

7 Zum Servieren die Knödel aus dem Ofen nehmen und auf vorgewärmte Teller setzen, den warmen Krautsalat daneben anrichten. Mit Kümmel und nach Belieben mit 2 EL gehackten Walnüssen garnieren.

FÜR 4 BIS 6 PERSONEN
FÜR DIE KNÖDEL
- 500 g mehligkochende Kartoffeln
- Salz | 50 g Speisestärke
- 50 g doppelgriffiges Mehl (Instant- oder Spätzlemehl)
- 75 g Hartweizengrieß
- 4 EL braune Butter (siehe Seite 59)
- 1 Ei | mildes Chilisalz
- Pfeffer aus der Mühle | 1 TL Öl
- frisch geriebene Muskatnuss
- je 50 g Karreespeck, Lauch und Champignons (jeweils in Würfeln)
- getr. Bohnenkraut
- Räucherpaprikapulver (Pimentón de la Vera picante)
- Butter für die Form

FÜR DEN GUSS
- 100 g Frischkäse (Doppelrahmstufe)
- 150 g Sahne | 3 Eigelb
- mildes Chilisalz
- frisch geriebene Muskatnuss

FÜR DEN SALAT
- 500 g Spitzkohl | Salz
- je ½ rote und gelbe Paprikaschote
- 1 EL ganzer Kümmel
- 1 EL Puderzucker
- 5 EL Rotweinessig
- 125 ml Gemüsebrühe
- Zucker | mildes Chilisalz
- je 1 EL mildes Olivenöl und Öl
- 1 EL Dillspitzen (frisch geschnitten)
- je 1 TL Koriander- und schwarze Pfefferkörner und ganzer Kümmel für die Gewürzmühle

Kasspatzn mit Röstzwiebeln

FÜR 4 PERSONEN
FÜR DIE RÖSTZWIEBELN
- 2 Zwiebeln
- 20 g Butter
- Zucker

FÜR DIE SPATZN
- 400 g doppelgriffiges Mehl (Instant- oder Spätzlemehl)
- 8 Eier | Salz
- 1 EL Öl
- 1 Lorbeerblatt
- 2 Scheiben Ingwer
- 1 Knoblauchzehe (in Scheiben)
- 2 kleine getr. rote Chilischoten
- ½ TL gemahlene Kurkuma
- ½ TL Fenchel aus der Mühle

AUSSERDEM
- 80 ml Gemüsebrühe
- je 100 g geriebener Emmentaler und Bergkäse (in Würfeln)
- 50 g Romadur (in Würfeln)
- frisch geriebene Muskatnuss
- 1 EL Petersilienblätter (frisch geschnitten)
- 2 EL Schnittlauchröllchen
- mildes Chilisalz

1 Für die Röstzwiebeln die Zwiebeln schälen und in feine Ringe schneiden. Die Butter in einer Pfanne erhitzen und die Zwiebeln darin mit 1 Prise Zucker bei milder Hitze gleichmäßig bräunen. Herausnehmen und beiseitestellen.

2 Für den Spatznteig das Mehl mit den Eiern, 1 TL Salz und dem Öl mit den Knethaken des Handrührgeräts oder der Küchenmaschine 3 bis 5 Minuten gründlich verkneten, sodass der Teig Blasen wirft. (Alternativ den Teig mit einem Kochlöffel verrühren.)

3 In einem großen Topf reichlich Salzwasser mit Lorbeer, Ingwer, Knoblauch, Chilischoten, Kurkuma und Fenchel aufkochen. Den Spätzlehobel kurz ins Wasser tauchen, den Teig in zwei Portionen hineinfüllen und in das siedende Gewürzwasser hobeln. Sobald die Spatzn an die Oberfläche steigen, einmal kurz aufkochen. Mit dem Schaumlöffel herausnehmen und in einem Sieb abtropfen lassen, dabei die ganzen Gewürze wieder entfernen. In einer Schüssel beiseitestellen.

4 Zum Servieren die Spatzn mit der Brühe in einen Schlagkessel (z.B. Kupferkessel) geben, der über einem dampfenden Wasserbad steht (alternativ in einer Pfanne bei milder Hitze arbeiten). Die drei Käsesorten darüberstreuen und unter Rühren langsam schmelzen. Etwas Muskatnuss darüberreiben und einen Teil der Röstzwiebeln mit Petersilie und Schnittlauch dazugeben.

5 Die Kasspatzn mit Chilisalz abschmecken, auf vorgewärmte Teller verteilen und mit den restlichen Röstzwiebeln bestreuen. Dazu passt ein Vogerlsalat (Feldsalat) mit einem Dressing aus Zitronensaft, Chilisalz und mildem Olivenöl.

TIPP Für überbackene Kasspatzn aus dem Ofen den Backofengrill vorheizen und eine Auflaufform mit 1 EL Butter einfetten. Die frisch gekochten Spatzn abwechselnd mit Röstzwiebeln und Käsewürfeln in die Form schichten, dabei mit dem Käse abschließen. Die Spatzn im Ofen auf der unteren Schiene einige Minuten hell überbacken. Wer bereits abgekühlte Spatzn verwendet, heizt den Ofen nur auf 160 °C vor und gart die Spatzn dafür länger – sie benötigen etwa 20 Minuten.

Kraut-Nudel-Fleckerl mit Schinken

FÜR 4 PERSONEN

FÜR DIE FLECKERL

- 250 g Farfalle (ersatzweise eine andere Nudelform) | Salz
- 1 Lorbeerblatt
- 2 Scheiben Ingwer
- 1 kleine getr. rote Chilischote
- 2 Kardamomkapseln (angedrückt)
- ½ TL gemahlene Kurkuma
- 600 g Spitzkohl
- 2 Schalotten
- 200 g Kochschinken (in Scheiben)
- 150 g Champignons
- 2 Tomaten
- 200 ml Hühnerbrühe
- mildes Chilisalz
- getr. Majoran
- 1 fein geriebene Knoblauchzehe
- ½ TL fein geriebener Ingwer
- ½ TL abgeriebene unbehandelte Zitronenschale
- je 1 EL Petersilien- und Minzeblätter sowie Dillspitzen (frisch geschnitten)
- 2 EL braune Butter (siehe Seite 59)

FÜR DIE RÖSTZWIEBELN

- Öl zum Frittieren
- 3 Schalotten
- 2 EL doppelgriffiges Mehl (Instant- oder Spätzlemehl)
- ½ TL edelsüßes Paprikapulver
- Salz

1 Für die Fleckerl die Nudeln in reichlich kochendem Salzwasser mit Lorbeerblatt, Ingwer, Chilischote, Kardamom und Kurkuma etwa 2 Minuten kürzer als auf der Packung angegeben garen, dabei ab und zu umrühren. In ein Sieb abgießen und abtropfen lassen, die ganzen Gewürze wieder entfernen.

2 Inzwischen vom Spitzkohl die äußeren Blätter und den harten Strunk entfernen. Die Blätter waschen, trocken schleudern und in etwa 2 cm große Rauten schneiden. Schalotten schälen und in Ringe schneiden. Schinken in etwa 1½ cm große Rauten schneiden. Pilze putzen, trocken abreiben und in etwa ½ cm dünne Scheiben schneiden. Tomaten kreuzweise einritzen, überbrühen, kalt abschrecken und häuten, längs in ½ bis 1 cm breite Streifen schneiden und entkernen.

3 Für die Röstzwiebeln reichlich Öl in einer Fritteuse oder einem großen Topf auf 170 °C erhitzen. Die Schalotten schälen und in dünne Ringe schneiden. Das Mehl mit dem Paprikapulver mischen, die Schalotten darin wenden und überschüssiges Mehl abschütteln. Dann die Schalotten im Öl knusprig braun frittieren. Mit dem Schaumlöffel herausnehmen, auf Küchenpapier abtropfen lassen und salzen.

4 Den Spitzkohl in einer großen Pfanne ohne Fett bei mittlerer Hitze andünsten. Schalotten, Nudeln und etwas Brühe dazugeben und alles knapp unter dem Siedepunkt einige Minuten ziehen lassen. Dann Schinken und Pilze hinzufügen und alles kurz köcheln lassen. Tomaten dazugeben und erhitzen. Alles mit Chilisalz, 1 Prise Majoran, Knoblauch, Ingwer und Zitronenschale würzen. Petersilie, Minze und Dill dazugeben, die braune Butter unterrühren und alles kurz schwenken.

5 Zum Servieren die Kraut-Nudel-Fleckerl auf vorgewärmten Tellern oder in einer Gusseisenpfanne anrichten und mit den Röstzwiebeln garnieren. Nach Belieben mit Minze und Dill sowie mit Scheiben von schwarzen Nüssen (eingelegten unreifen Walnüssen) garnieren.

Grenadiermarsch

1 Das Fleisch in größere Würfel schneiden. Eine Pfanne bei mittlerer Temperatur erhitzen und ½ TL Öl mit einem Pinsel darin verstreichen, das Fleisch anbraten. Dann mit dem Anislikör flambieren (dazu den Likör vorher in einem Topf erwärmen, in eine Schöpfkelle geben und anzünden; siehe Tipp). Das Fleisch herausnehmen und auf einem vorgewärmten Teller beiseitestellen.

2 Die Pilze putzen, trocken abreiben und in grobe Stücke schneiden. Das Schwarzgeräucherte in etwa ½ cm kleine Würfel schneiden. Die Frühlingszwiebeln putzen, waschen und in dünne Ringe schneiden. Die Kartoffeln in Würfel schneiden.

3 Eine Pfanne bei mittlerer Temperatur erhitzen und 1 TL Öl mit einem Pinsel darin verstreichen. Die Pilze anbraten, das Schwarzgeräucherte dazugeben und kurz mitbraten. Frühlingszwiebeln und Zitronenschale hinzufügen. Alles herausnehmen und beiseitestellen. Währenddessen die Nudeln in reichlich kochendem Salzwasser nach Packungsanweisung bissfest garen. In ein Sieb abgießen und abtropfen lassen.

4 Erneut die Pfanne bei mittlerer Temperatur erhitzen und das übrige (1 TL) Öl mit einem Pinsel darin verstreichen. Die Kartoffeln goldbraun anbraten. Dann Nudeln und Erbsen dazugeben und alles mit Chilisalz und Majoran würzen. Zuletzt die Fleischwürfel und den Pilz-Mix untermischen, alles nochmals kurz erwärmen und abschmecken.

5 Zum Servieren den Grenadiermarsch auf vorgewärmten Tellern anrichten. Die Cornichons halbieren und daraufsetzen. Nach Belieben mit Mini-Basilikum garnieren und mit brauner Butter beträufeln.

TIPP In der Regel verwendet man zum Flambieren Spirituosen mit mehr als 40 Vol.-% Alkohol. Erwärmt man den Alkohol aber in einem Schöpflöffel auf 30 bis 40 °C, lassen sich auch Spirituosen mit niedrigerem Prozentsatz – wie hier der Anislikör – entzünden.

FÜR 4 PERSONEN
- 200 g Rinderfilet
- 2½ TL Öl
- 2 cl Anislikör (siehe Tipp)
- 300 g gemischte Pilze (z. B. Morcheln, Pfifferlinge und Steinpilze)
- 150 g Schwarzgeräuchertes (ersatzweise Kochschinken)
- 3 Frühlingszwiebeln
- 500 g gegarte vorwiegend festkochende Kartoffeln (abgekühlt, gepellt)
- 1 TL abgeriebene unbehandelte Zitronenschale
- 250 g Fusilli oder Spirelli
- Salz
- 100 g tiefgekühlte Erbsen (aufgetaut)
- mildes Chilisalz
- 1 TL getr. Majoran
- einige Cornichons

RESTEESSEN MIT SCHUSS: Trotz des hochtrabenden Namens ist der Grenadiermarsch nichts anderes als ein Resteessen. Gerade beim Militär und in der Feldküche hat man früher nichts verkommen lassen. Kartoffeln, Nudeln, Speck – schon hatte man ein nahrhaftes und vor allem günstiges Essen für die Grenadiere, eine mit Granaten ausgestattete Eliteeinheit der Infanterie.

Kürbisgulasch mit Kürbiskernreis

FÜR 4 PERSONEN

FÜR DIE SAUCE

- 200 g Butternuss- oder Muskatkürbis (am besten Reste von der Einlage, siehe unten)
- ½ TL Öl | 400 ml Gemüsebrühe
- 100 g gegarte mehligkochende Kartoffel (abgekühlt, gepellt)
- 1 TL edelsüßes Paprikapulver
- 1 Msp. Räucherpaprikapulver (Pimentón de la Vera picante)
- 1 fein geriebene Knoblauchzehe
- 1 TL getr. Majoran | Salz

FÜR DIE EINLAGE

- je 2 rote und grüne Paprikaschoten (ca. 900 g)
- 1 TL Öl
- Salz | Pfeffer aus der Mühle
- 600 g Butternuss- oder Muskatkürbis
- 5 Scheiben Ingwer
- 2 Knoblauchzehen (in Scheiben)
- 2 Streifen unbehandelte Zitronenschale
- 2 Lorbeerblätter
- 3 kleine getr. rote Chilischoten
- 3 cm Vanilleschote

FÜR DEN REIS

- Salz
- 3 Kardamomkapseln (angedrückt)
- 150 g Basmatireis
- 2 EL braune Butter (siehe Seite 59)
- mildes Chilisalz
- 4 EL geröstete, gehackte Kürbiskerne
- 1 EL Schnittlauchröllchen

1 Den Kürbis schälen, die Kerne mit einem Löffel entfernen und das Kürbisfleisch etwa 1 cm groß würfeln (am besten gleich den Kürbis für die Einlage mit vorbereiten, siehe unten). Einen Topf bei milder Temperatur erhitzen, das Öl mit einem Pinsel darin verstreichen und den Kürbis kurz andünsten. Die Brühe dazugießen, alles mit einem passenden Stück Backpapier bedecken und knapp unter dem Siedepunkt etwa 20 Minuten weich dünsten. Inzwischen die Kartoffeln würfeln.

2 Anschließend den Saucenansatz mit Paprikapulver, Räucherpaprika, Knoblauch und Majoran würzen und die gegarten Kartoffelwürfel hinzufügen. Alles im Topf mit dem Stabmixer glatt pürieren, die Sauce noch einige Minuten ziehen lassen und mit Salz abschmecken.

3 Für die Einlage die Paprikaschoten längs halbieren, entkernen, waschen und in etwa 1 cm große Rauten schneiden. Das Öl in einer Pfanne erhitzen und die Paprika darin mehrere Minuten braten, mit Salz und Pfeffer würzen und vom Herd nehmen.

4 Den Kürbis schälen, die Kerne mit einem Löffel entfernen und das Kürbisfleisch in etwa 3 cm große Stücke schneiden. In reichlich Salzwasser mit Ingwer, Knoblauch, Zitronenschale, Lorbeer, Chilischoten und der Vanille 5 bis 8 Minuten blanchieren. In ein Sieb abgießen und abtropfen lassen, die Gewürze wieder entfernen. Paprika und Kürbiswürfel in die Kürbissauce geben und alles nochmals abschmecken.

5 Für den Reis in einem Topf 1 l Wasser aufkochen, 1 EL Salz und den Kardamom hinzufügen und den Reis darin etwa 7 Minuten garen. In ein Sieb abgießen und kurz abtropfen lassen. Dann in den Topf zurückgeben, den Kardamom nach Belieben entfernen und braune Butter, Chilisalz, Kürbiskerne und Schnittlauch untermischen.

6 Zum Servieren das Kürbisgulasch nochmals kurz erhitzen und auf vorgewärmte tiefe Teller verteilen, den Kürbisreis dazusetzen. Nach Belieben mit frisch geschnittenen Petersilienblättern bestreuen.

TIPP Zum Vorbereiten Kürbis und Paprika mit der Sauce mischen und mehrere Stunden im Kühlschrank aufbewahren. Dabei zieht das Gulascharoma auch durch das Innere der Gemüsewürfel. Zum Servieren nochmals kurz erhitzen und nachwürzen.

Über 40 Seen, 30 Flüsse und Hunderte von Bächen – in Österreich fühlt sich der Fisch wohl im Wasser. **Fogosch** (Zander), **Saibling** und sogar der **Stör** schätzen die Gewässer, die von kristallklaren Alpenquellen gespeist werden. Teichwirtschaft hat in Österreich eine lange Tradition. Sie reicht bis ins Mittelalter zurück. Schon damals züchteten Mönche vor allem **Karpfen.** Später kamen **Forellen** dazu.

Berühmt ist der **Kärntner Laxn,** eine Seeforellen-Art, der ein so feines Aroma hat, dass er sogar an den kaiserlichen Hof geliefert wurde. Der König der Alpenflüsse ist der **Donau-Huchen.** Er ist extrem selten und soll nach Thunfisch schmecken.

FISCH

Forelle
mit Lauch-Tomaten-Gemüse

FÜR 4 PERSONEN

FÜR DAS GEMÜSE

- 1 dünne Stange Lauch
- 2 Stangen Staudensellerie
- ½ Fenchel
- 4 Tomaten
- 80 ml Gemüsebrühe
- 1 Lorbeerblatt
- 1 kleine getr. rote Chilischote
- 3 cm Vanilleschote
- 1 Knoblauchzehe (in Scheiben)
- 2 Scheiben Ingwer
- 1 EL Butter
- je 1 EL Kerbelblätter und Dillspitzen (frisch geschnitten)
- mildes Olivenöl
- 1 Spritzer Zitronensaft
- mildes Chilisalz

FÜR DEN FISCH

- 4 Forellenfilets (à ca. 110 g; ohne Gräten)
- 1 TL Öl
- 2 EL doppelgriffiges Mehl (Instant- oder Spätzlemehl)
- Salz | Pfeffer aus der Mühle

1 Für das Gemüse den Lauch längs halbieren, gründlich waschen und schräg in etwa ½ cm breite Streifen schneiden. Staudensellerie und Fenchel putzen, waschen und ebenfalls in ½ cm breite Streifen schneiden. Das Fenchelgrün zum Garnieren beiseitestellen. Die Tomaten kreuzweise einritzen, überbrühen, kalt abschrecken und häuten, dann vierteln und entkernen. Das Fruchtfleisch längs in ½ bis 1 cm breite Streifen schneiden.

2 Lauch, Sellerie und Fenchel in einem Topf mit der Brühe offen bei milder Hitze etwa 5 Minuten dünsten. Lorbeer, Chilischote, Vanille, Knoblauch und Ingwer hinzufügen. Die Tomatenfilets dazugeben, alles kurz erhitzen und 1 bis 2 Minuten ziehen lassen. Lorbeer, Chilischote und Vanille nach Belieben wieder entfernen. Die Butter unterrühren und alles mit Kerbel, Dill und Fenchelgrün garnieren, warm halten.

3 Für den Fisch die Forellenfilets waschen und trocken tupfen. Eine Pfanne bei mittlerer Temperatur erhitzen und das Öl mit einem Pinsel darin verstreichen. Den Fisch mit der Hautseite kurz in das doppelgriffige Mehl legen, dann auf der Hautseite im Öl bei mittlerer Hitze etwa 3 Minuten kross braten. Den Fisch wenden, die Pfanne vom Herd nehmen und den Fisch in der Nachhitze der Pfanne saftig und glasig durchziehen lassen. Herausnehmen, auf Küchenpapier abtropfen lassen und mit Salz und Pfeffer würzen.

4 Zum Servieren das Gemüse auf vorgewärmte Teller verteilen. Etwas Olivenöl und den Zitronensaft über das Gemüse träufeln und die Fischstücke daraufsetzen, mit Chilisalz bestreuen.

TIPP Eines meiner meistverwendeten Gewürze – das milde Chilisalz – können Sie zu Hause ganz leicht selbst herstellen: einfach 1 EL feines Meersalz mit 1 gestrichenem TL milden Chiliflocken (nach Belieben ohne Kerne!) mischen.

Saibling
auf Linsen-Gurken-Gemüse mit Dill

1 Für das Gemüse die Gurke schälen, längs halbieren und die Kerne mit einem Löffel entfernen. Die Hälften in kleine Würfel schneiden. In Salzwasser etwa 2 Minuten blanchieren, in ein Sieb abgießen, kalt abschrecken und abtropfen lassen. Die roten Linsen in einem Topf in wenig Salzwasser etwa 10 Minuten gerade weich garen. In ein Sieb abgießen und abtropfen lassen.

2 Die Sahne in einem Topf mit den Gurkenwürfeln und den gegarten Linsen kurz erhitzen. Dann Kerbel, Dill und Estragon untermischen und alles mit Chilisalz und Knoblauch würzen, warm halten.

3 Für den Fisch die Saiblingsfilets waschen, trocken tupfen und jeweils schräg halbieren. Eine Pfanne bei mittlerer Temperatur erhitzen und das Öl mit einem Pinsel darin verstreichen. Den Fisch mit der Hautseite kurz in das doppelgriffige Mehl legen und auf der Hautseite in der Pfanne etwa 3 Minuten kross braten. Dabei Kardamom, Chilischoten, Lorbeer, Knoblauch und Ingwer hinzufügen.

4 Den Fisch wenden, die Pfanne vom Herd nehmen und den Fisch in der Nachhitze der Pfanne saftig und glasig durchziehen lassen. Dann herausnehmen, auf Küchenpapier abtropfen lassen und mit Chilisalz würzen, ganze Gewürze nach Belieben entfernen.

5 Zum Servieren das Linsen-Gurken-Gemüse auf vorgewärmte Teller verteilen und die gebratenen Saiblingsfilets daraufsetzen. Alles nach Belieben mit Dillspitzen garnieren.

FÜR 4 PERSONEN
FÜR DAS GEMÜSE
- 1 Salatgurke | Salz
- 50 g rote Linsen
- 100 g Sahne
- je 1–2 TL Kerbelblätter und Dillspitzen (frisch geschnitten)
- 3 Estragonblätter (frisch geschnitten)
- mildes Chilisalz
- 1 Msp. fein geriebene Knoblauchzehe

FÜR DEN FISCH
- 4 Saiblingsfilets (à ca. 110 g; ohne Gräten)
- 1 EL Öl
- 2 EL doppelgriffiges Mehl (Instant- oder Spätzlemehl)
- 3 Kardamomkapseln (angedrückt)
- 2 kleine getr. rote Chilischoten
- 2 Lorbeerblätter
- 1 Knoblauchzehe (in Scheiben)
- 3 Scheiben Ingwer
- mildes Chilisalz

Waller im Wurzelsud

FÜR 4 PERSONEN

- 2 Zwiebeln
- 1 Karotte
- 150 g Knollensellerie
- 1 EL Puderzucker
- ¾ l Gemüsebrühe
- 1 Lorbeerblatt
- 5 Wacholderbeeren
- 5 Pimentkörner
- ¾ TL gelbe Senfkörner
- 1 TL schwarze Pfefferkörner
- 1 Streifen unbehandelte Zitronenschale
- 4 Scheiben Ingwer
- 2 Knoblauchzehen (halbiert)
- 150 ml Rotweinessig
- Salz
- 2 TL Zucker
- 4 Wallerfilets (à ca. 120 g; ohne Haut und Gräten)
- 1 EL Meerrettich (aus dem Glas)
- 2 EL Butter
- mildes Chilisalz
- 1 kleines Stück Meerrettichwurzel (geschält)
- 1 EL Schnittlauchröllchen

1 Am Vortag Zwiebeln schälen und in sehr dünne Ringe schneiden. Karotte und Sellerie putzen, schälen und beides in feine Streifen schneiden. Den Puderzucker in einem Topf bei milder Hitze hell karamellisieren und das Gemüse darin andünsten. Brühe dazugießen. Lorbeerblatt, Wacholder, Piment-, Senf- und Pfefferkörner in einen Einwegteebeutel füllen, verschließen und dazugeben. Alles aufkochen und knapp unter dem Siedepunkt etwa 10 Minuten ziehen lassen.

2 Anschließend Zitronenschale, Ingwer, Knoblauch und Essig hinzufügen, den Sud mit Salz und Zucker würzen. Vom Herd nehmen und abkühlen lassen. Die Wallerfilets waschen, trocken tupfen, nebeneinander in eine Auflaufform legen und den abgekühlten Sud darübergießen. Die Fischfilets zugedeckt im Kühlschrank über Nacht durchziehen lassen.

3 Am nächsten Tag die Fischfilets herausnehmen und beiseitestellen. Den Sud durch ein Sieb gießen und auffangen, dabei den Einwegteebeutel entfernen und die Gemüsestreifen beiseitestellen.

4 Den Sud in einem breiten Topf einmal aufkochen und den aufsteigenden Schaum abnehmen. In einem hohen Rührbecher 200 ml Sud mit Meerrettich und Butter mit dem Stabmixer verrühren und die Sauce mit Chilisalz abschmecken.

5 Den Topf mit dem restlichen heißen Sud vom Herd nehmen und die Wallerfilets darin in der Nachhitze des Topfes 6 bis 8 Minuten gar ziehen lassen. Die Gemüsestreifen in einer Pfanne erwärmen.

6 Zum Servieren die Wallerfilets mit den Gemüsestreifen auf vorgewärmte tiefe Teller verteilen. Die Sauce nochmals mit dem Stabmixer aufschäumen und darüberträufeln. Den Meerrettich frisch darüberreiben und zuletzt alles mit Schnittlauch bestreuen.

TIPP Dazu passen kleine festkochende Kartoffeln (z. B. Drillinge), die man zuvor geschält in Salzwasser mit 1 TL gemahlener Kurkuma sowie 1 Lorbeerblatt, 1 Scheibe Knoblauch und 1 kleinen getrockneten roten Chilischote weich gegart hat.

Gebratener Zander-Lachs-Strudel mit Spinatsalat

FÜR 4 PERSONEN

FÜR DIE FARCE
- 200 g eisgekühltes Lachsfilet (ohne Haut und Gräten)
- Salz
- ½–1 TL Dijon-Senf
- Cayennepfeffer
- frisch geriebene Muskatnuss
- 200 g eisgekühlte Sahne

FÜR DEN STRUDEL
- 2 Zanderfilets (à ca. 200 g; ohne Haut und Gräten)
- Salz | Pfeffer aus der Mühle
- 2 Strudelteigblätter (à ca. 20 × 20 cm)
- 2 EL Öl

FÜR DEN SALAT
- 1 Schalotte
- 300 g junger Spinat
- 1 Kohlrabi
- ½ Knoblauchzehe
- 100 ml Gemüsebrühe
- 1 EL Weißweinessig
- Puderzucker
- Salz
- 2 EL mildes Olivenöl
- 1 TL Walnussöl
- Pfeffer aus der Mühle
- 1 EL kleine Kapern (Nonpareilles; in Lake)
- je 1 EL Kerbel- und Petersilienblätter (frisch geschnitten)

1 Für die Farce den Lachs waschen, trocken tupfen, würfeln und in eine Schüssel geben. Leicht salzen und etwa 5 Minuten ins Tiefkühlfach stellen. Dann mit Senf, 1 Prise Cayennepfeffer und Muskatnuss im Blitzhacker so lange fein pürieren, bis die Masse zu binden beginnt.

2 Ein Drittel der eisgekühlten Sahne hinzufügen und untermixen. Dann die übrige Sahne in zwei Portionen untermischen, dabei jeweils darauf achten, dass sich die Sahnemenge mit dem Fisch vollständig verbunden hat, bevor die übrige Sahne hinzugefügt wird. Die Farce sollte glatt und glänzend sein.

3 Für den Strudel den Zander waschen, trocken tupfen und mit Salz und Pfeffer würzen. Die Teigblätter auf ein sauberes Küchentuch legen und in der Mitte jeweils ein Viertel der Farce (etwa in Größe des Zanderfilets) daraufstreichen. Die Zanderfilets daraufsetzen und mit der übrigen Farce bestreichen. Die Teigblätter über dem Fisch zusammenklappen, die offenen Seiten fest andrücken und den überstehenden Teig bis auf etwa 1 cm abschneiden.

4 Das Öl in einer Pfanne erhitzen und die Strudel darin auf der Nahtseite bei milder Hitze auf jeder Seite 4 bis 5 Minuten hell anbraten. Die Pfanne vom Herd nehmen und die Strudel in der Nachhitze der Pfanne noch etwas nachziehen lassen.

5 Inzwischen für den Salat die Schalotte schälen und fein würfeln. Den Spinat verlesen, waschen und trocken tupfen, dabei grobe Stiele entfernen. Den Kohlrabi schälen, vierteln und auf der Gemüsereibe in dünne Scheiben hobeln. Eine Salatschüssel mit der halbierten Knoblauchzehe ausreiben und Schalotte, Brühe, Essig, 1 Prise Puderzucker, Salz und beide Ölsorten darin gut verrühren, mit Pfeffer würzen. Dann Spinat, Kohlrabi, Kapern, Kerbel- und Petersilienblätter untermischen.

6 Zum Servieren den Salat auf Teller verteilen. Die Strudel jeweils halbieren und danebensetzen.

Karpfen auf Paprika-Kartoffel-Gulasch

1 Für das Gulasch die Kartoffeln waschen und in einem Topf in Salzwasser weich garen. Abgießen und kurz ausdampfen lassen, dann pellen, abkühlen lassen und in Scheiben schneiden.

2 Den Backofengrill vorheizen. Alle Paprikaschoten längs vierteln, entkernen und waschen. Mit der Schnittfläche nach unten auf ein Backblech legen und die Hautseite mit 1 bis 2 EL Öl bestreichen. Die Paprika unter dem Grill auf der mittleren Schiene etwa 5 Minuten garen, bis die Haut dunkle Blasen wirft. Die Paprikaschoten aus dem Ofen nehmen und kurz abkühlen lassen. Die Haut abziehen und das Fruchtfleisch in etwa 2 cm große Rauten schneiden, dabei die grüne Schote von den gelben und roten trennen.

3 Die Zwiebel schälen und in feine Würfel schneiden. Für das Gulaschgewürz den Knoblauch schälen und fein hacken. Mit Kümmel, Zitronenschale und Majoran mischen. Das Paprikapulver mit wenig Wasser glatt rühren.

4 In einem Topf 1 EL Öl erhitzen und die Zwiebelwürfel darin bei milder Hitze glasig dünsten. Das Tomatenmark unterrühren und kurz mitrösten. Dann die Brühe dazugießen und die Hälfte der gelben und roten Paprikarauten dazugeben. Das Gulaschgewürz und das angerührte Paprikapulver hinzufügen, alles bei milder Hitze noch 5 bis 10 Minuten ziehen lassen. Dann mit Salz und 1 Prise Chilipulver abschmecken und alles im Topf mit dem Stabmixer fein pürieren.

5 In einer Pfanne das übrige (1 EL) Öl erhitzen und die Kartoffelscheiben darin bei mittlerer Hitze anbraten. Mit den restlichen gelben und roten sowie den grünen Paprikarauten in die Gulaschsauce geben. Das Paprika-Kartoffel-Gulasch bei milder Hitze warm halten.

6 Für den Fisch die Karpfenfilets waschen, trocken tupfen und in 2 bis 2½ cm große Stücke schneiden. Das Öl in einer Pfanne erhitzen und die Karpfenstücke darin bei milder Hitze rundum 2 bis 3 Minuten saftig durchbraten. Die Fischstücke herausnehmen, auf Küchenpapier abtropfen lassen und mit Salz und Pfeffer würzen.

7 Zum Servieren das Paprika-Kartoffel-Gulasch auf vorgewärmte tiefe Teller verteilen und die Karpfenstücke daraufsetzen. Nach Belieben mit frisch geschnittenen Petersilienblättern bestreuen.

FÜR 4 PERSONEN

FÜR DAS GULASCH
- 300 g festkochende Kartoffeln
- Salz
- je 2 gelbe und rote Paprikaschoten
- 1 grüne Paprikaschote
- 3–4 EL Öl
- 1 Zwiebel
- 1 Knoblauchzehe
- 1 TL gemahlener Kümmel
- 1 TL abgeriebene unbehandelte Zitronenschale
- 1 TL getr. Majoran
- 2 TL edelsüßes Paprikapulver
- 2 TL Tomatenmark
- 800 ml Gemüsebrühe
- mildes Chilipulver

FÜR DEN FISCH
- 500 g Karpfenfilets (ohne Haut und Gräten)
- 1 EL Öl
- Salz | Pfeffer aus der Mühle

Hechtnockerl mit Kräutersauce

FÜR 4 PERSONEN

FÜR DIE NOCKERL

- 200 g eisgekühltes Hecht-filet (ohne Haut und Gräten; ersatzweise Zanderfilet)
- 100 g eisgekühltes Forellenfilet (ohne Haut und Gräten)
- Salz | Pfeffer aus der Mühle
- 300 g Sahne
- 1–2 TL Dijon-Senf
- 1 Döschen Safranfäden (ca. 0,1 g)
- mildes Chilisalz
- frisch geriebene Muskatnuss
- 1–2 TL Dillspitzen (frisch geschnitten)

FÜR DIE KRÄUTERSAUCE

- 1 TL Puderzucker
- 2 cl Noilly Prat (franz. Wermut)
- ca. 100 ml Weißwein
- 2–3 Scheiben Knoblauch
- 1 Lorbeerblatt
- 150 ml Gemüsebrühe
- 100 g Sahne
- 1 TL Speisestärke
- je 1 Handvoll Kerbel- und Basilikumblätter (frisch geschnitten)
- 3–4 Estragonblätter (frisch geschnitten)
- 2 EL Butter
- 1 Msp. abgeriebene unbehandelte Zitronenschale
- frisch geriebene Muskatnuss
- mildes Chilisalz

1   Für die Nockerl beide Fischfilets waschen, trocken tupfen und in etwa 1 cm große Würfel schneiden. Mit Salz und Pfeffer würzen und mit der Sahne etwa 5 Minuten ins Tiefkühlfach stellen, sodass alle Zutaten für die Farce eisgekühlt sind.

2   Die Hälfte der Fischwürfel mit Senf, Safran, etwas Chilisalz und Muskatnuss im Blitzhacker kurz pürieren. Die Hälfte der eisgekühlten Sahne in drei Portionen dazugeben und untermixen, dabei jeweils darauf achten, dass sich die Sahnemenge mit dem Fisch vollständig verbunden hat, bevor die übrige Sahne hinzugefügt wird. Die Farce sollte glatt und glänzend sein, zugedeckt kühl stellen. Die übrigen Fischwürfel mit der restlichen Sahne ebenso verarbeiten, zur Farce geben und unterrühren. Den Dill hinzufügen und die Farce nochmals abschmecken, dann erneut kühl stellen.

3   Inzwischen für die Kräutersauce den Puderzucker in einem Topf bei mittlerer Hitze karamellisieren. Noilly Prat und Wein dazugießen und etwas einkochen lassen. Knoblauch und Lorbeerblatt dazugeben, Brühe und Sahne dazugießen und alles einige Minuten einköcheln lassen. Das Lorbeerblatt wieder entfernen. Die Speisestärke mit wenig kaltem Wasser glatt rühren. In die Sauce geben und köcheln lassen, bis diese leicht sämig bindet. Kräuter, Butter, Zitronenschale, etwas Muskatnuss und Chilisalz zur Sauce geben und alles im Topf mit dem Stabmixer pürieren. Warm halten.

4   In einem großen flachen Topf reichlich Salzwasser aufkochen. Dann die Hitze so weit reduzieren, dass die Wassertemperatur knapp unter dem Siedepunkt bleibt. Aus der Farce mit zwei angefeuchteten Esslöffeln etwa 16 Nocken abstechen und im Salzwasser etwa 15 Minuten gar ziehen lassen. Mit dem Schaumlöffel herausnehmen und in einem Sieb abtropfen lassen.

5   Zum Servieren die Nockerl mit der Kräutersauce auf vorgewärmten Tellern anrichten und nach Belieben mit Dillspitzen garnieren.

TIPP Hechtfleisch eignet sich sehr gut für eine Fischfarce, weil es die Sahne optimal bindet. Allerdings sollte man immer darauf achten, dass Fisch und Sahne eisgekühlt sind und in einem hochtourigen Mixer verarbeitet werden, damit alles rasch und möglichst ohne Temperaturanstieg zu einem glatten, glänzenden Püree verarbeitet wird.

GEFLÜGEL
& FLEISCH

Schmoren, backen, braten. Fleischesser dürften sich in der österreichischen Küche wie im siebten Himmel fühlen. Ein resches **Backhendl,** ein zartes **Schnitzerl** – und alles so schön goldgelb! Denn das
Panieren hat vor allem in Wien eine große Tradition. Das gleichnamige
Schnitzel musste man allerdings nicht, wie eine hartnäckige Legende
erzählt, in Mailand bei den Italienern abschauen. **Mit Ei und Bröseln
vergoldet** wurden schon Speisen im alten Byzanz, damit sie hoffähig
waren. Das Panieren hat sogar Eingang in den Wiener Dialekt gefun-
den. Wenn einer sagt, er „haut sich in die beste Panier", dann zieht er
sein bestes Gewand an.

Backhendl mit Erdäpfelsalat und steirischem Kürbiskernöl

FÜR 4 PERSONEN

FÜR DAS BACKHENDL
- 150 g Naturjoghurt
- 1 EL Brathähnchengewürz (ersatzweise ½ TL Salz, je 2 Prisen milde Chiliflocken, Knoblauch- und edelsüßes Paprikapulver, gemahlener Fenchel und Koriander, getr. Oregano und Rosmarin)
- mildes Chilisalz
- 4 Hähnchenbrustfilets (à ca. 150 g)
- 100 g Weißbrotbrösel
- 50 g Panko (asiat. Paniermehl)
- Öl zum Ausbacken

FÜR DEN ERDÄPFELSALAT
- 1 kg festkochende Kartoffeln
- Salz | 1 rote Zwiebel
- 350 ml Hühner- oder Gemüse-brühe
- 3 EL Weißweinessig
- 1 TL Dijon-Senf
- Pfeffer aus der Mühle
- Zucker
- je 1 EL Kerbel-, Petersilienblätter und Schnittlauch (eventuell auch 1–2 Liebstöckelblätter; frisch geschnitten)
- 3–5 EL steirisches Kürbiskernöl
- 2 EL geröstete Kürbiskerne

AUSSERDEM
- 4 TL Steirer Kren (ersatzweise Meerrettich aus dem Glas)

1 Am Vorabend für das Backhendl den Joghurt mit Brathähnchen-gewürz und Chilisalz verrühren. Hähnchenfleisch waschen, trocken tupfen und in mundgerechte Stücke schneiden. Mit Gewürzjoghurt mischen und zugedeckt im Kühlschrank über Nacht marinieren.

2 Am nächsten Tag für den Erdäpfelsalat die Kartoffeln waschen und in Salzwasser weich garen. Abgießen und kurz ausdampfen las-sen, möglichst heiß pellen. Die Kartoffeln in dünne Scheiben schnei-den, in eine Schüssel geben und noch heiß weiterverarbeiten. Die Zwiebel schälen, fein würfeln und in einer Pfanne mit 80 ml Wasser weich garen, bis die Flüssigkeit eingekocht ist.

3 Für das Dressing die Brühe erhitzen und in einem hohen Rühr-becher mit Essig und Senf verrühren. Mit Salz, Pfeffer und 1 Prise Zucker würzen und 1 Handvoll Kartoffelscheiben mit dem Stabmixer untermixen. Nach und nach so viel Dressing unter die restlichen Kar-toffelscheiben mischen, bis die Flüssigkeit vollständig gebunden ist. Zuletzt Zwiebel, Kerbel, Petersilie und Schnittlauch (eventuell auch Liebstöckel) untermischen und das Kürbiskernöl hinzufügen.

4 Für das Backhendl Weißbrotbrösel und Panko in einem tiefen Tel-ler mischen. Die Hähnchenbruststücke aus der Marinade heben, kurz abtropfen lassen und in der Bröselmischung wenden, dabei die Pana-de nicht zu fest andrücken. Das Öl in einer Pfanne etwa 1 cm hoch erhitzen und die Fleischstücke darin bei mittlerer Hitze auf jeder Seite etwa 3 Minuten knusprig goldbraun braten. Herausnehmen und auf Küchenpapier abtropfen lassen.

5 Zum Servieren den Erdäpfelsalat auf vorgewärmte Teller verteilen und jeweils etwas Steirer Kren daraufsetzen. Die Backhendlstücke dazulegen und alles mit Kürbiskernen und nach Belieben mit unbe-handelten Zitronenspalten garnieren.

> **GOLDENE NUGGETS:** Es gab eine Zeit, da galt das Backhendl als bieder. Und teuer. Denn in der Biedermeierzeit konnten sich nur die oberen Zehntausend ein goldgelb gebra-tenes Backhendl als Sonntagsbraten leisten. Gegart wurde es im Ganzen, aber ohne Knochen. Der Erdäpfelsalat dazu war damals schon ein Klassiker.

Paprikahendl mit Gemüsereis

1 Für das Paprikahendl das Fleisch waschen und trocken tupfen, die Hähnchenhaut ggf. noch abziehen. Eine Pfanne bei mittlerer Temperatur erhitzen und die Hähnchenhaut darin zwischen zwei Lagen Backpapier mit einem Topf darauf zum Beschweren langsam kross braten, dabei immer wieder nachsehen. Auf Küchenpapier abtropfen lassen.

2 Für die Sauce die Zwiebel schälen und in feine Würfel schneiden. Die Paprikaschote längs halbieren, entkernen und waschen. Die Hälften mit dem Sparschäler schälen und in kleine Würfel schneiden. Zwiebel- und Paprikawürfel in einem Topf ohne Fett kurz anbraten, das Tomatenmark unterrühren und kurz mitrösten. Passierte Tomaten und Brühe dazugießen und alles knapp unter dem Siedepunkt etwa 15 Minuten garziehen lassen. Dann mit beiden Paprikapulvern, Kümmel, Majoran, Knoblauch, Ingwer und Chilisalz würzen.

3 Die Pfanne, in der die Haut gebraten wurde, bei mittlerer Temperatur erhitzen, das Öl darin verstreichen. Die Filets auf jeder Seite 1 bis 2 Minuten anbraten. Dann in die Sauce legen, mit einem passenden Stück Backpapier bedecken und knapp unter dem Siedepunkt etwa 10 Minuten saftig durchziehen lassen, zwischendurch wenden.

4 Währenddessen für den Reis in einem Topf 1 l Wasser aufkochen, Salz, Kardamom und Ingwer hinzufügen. Den Reis im Würzwasser etwa 7 Minuten garen, in ein Sieb abgießen und kurz abtropfen lassen. Die Gewürze entfernen. Paprika und Zucchini putzen, waschen und etwa ½ cm klein würfeln. In einer Pfanne ohne Fett erhitzen, die Brühe dazugeben und das Gemüse kurz andünsten. Die Erbsen dazugeben und kurz mitdünsten. Zuletzt den Reis zum Gemüse geben und alles mit brauner Butter und Chilisalz würzen.

5 Zum Servieren die Hähnchenbrustfilets aus der Sauce nehmen und schräg in Scheiben schneiden. Auf vorgewärmte Teller setzen und den Reis daneben anrichten. Alles mit der Sauce überziehen und mit der krossen Hendlhaut und nach Belieben mit Dillspitzen garnieren.

TIPP Für braune Butter die gewünschte Menge Butter in einem Topf bei mittlerer Hitze langsam erwärmen, bis sie goldbraun ist und ein nussiges Aroma hat. Durch ein mit Küchenpapier ausgelegtes Sieb gießen und abkühlen lassen. Zugedeckt hält sich braune Butter im Kühlschrank mehrere Wochen – sie wird dabei fest wie Butterschmalz, lässt sich aber jederzeit durch Erwärmen wieder verflüssigen.

FÜR 4 PERSONEN

FÜR DAS PAPRIKAHENDL

- 4 große Hähnchenbrustfilets (à 200–250 g; mit Haut)
- ½ kleine Zwiebel
- 1 rote Paprikaschote
- 2 TL Tomatenmark
- 350 ml passierte Tomaten (aus der Dose)
- 125 ml Hühnerbrühe
- 1 TL edelsüßes Paprikapulver
- 1–2 Msp. Räucherpaprikapulver (Pimentón de la Vera picante)
- je ½ TL gemahlener Kümmel und getr. Majoran
- 1 fein geriebene Knoblauchzehe
- ½ TL fein geriebener Ingwer
- mildes Chilisalz
- ½ TL Öl

FÜR DEN GEMÜSEREIS

- 1 EL Salz
- 5 Kardamomkapseln (angedrückt)
- 3 Scheiben Ingwer
- 150 g Jasmin- oder Basmatireis
- ½ rote und gelbe Paprikaschote
- 80 g Zucchini
- 50 ml Gemüsebrühe
- 80 g tiefgekühlte Erbsen (aufgetaut)
- 1 EL braune Butter (siehe Tipp)
- mildes Chilisalz

Gegrillte Gänsekeulen mit Wirsing und Kartoffel-Apfel-Püree

FÜR 4 PERSONEN

FÜR DIE GÄNSEKEULEN
- 3 Zwiebeln
- 1 Lorbeerblatt
- 2 Gewürznelken
- 4 Gänsekeulen (à ca. 400 g)
- 2–3 l Hühnerbrühe
- 100 g Knollensellerie
- 1 kleine Karotte
- 1 TL Puderzucker
- 1 EL Tomatenmark
- 350 ml kräftiger Rotwein
- 2 Scheiben Ingwer
- 1 Knoblauchzehe (in Scheiben)
- 1 Streifen unbehandelte Orangenschale
- 1 TL getr. Majoran
- 1 TL Speisestärke
- ¼ säuerlicher Apfel
  (z. B. Elstar; in Spalten)
- Salz | Pfeffer aus der Mühle

FÜR DAS PÜREE
- 1 kg mehligkochende Kartoffeln
- Salz
- ½ säuerlicher Apfel (z. B. Elstar)
- ¼ l Milch | 1 EL Apfelmus
- 1 EL Butter
- 2 EL braune Butter
  (siehe Seite 59)
- Pfeffer aus der Mühle
- frisch geriebene Muskatnuss
- Puderzucker

FÜR DEN WIRSING
- 4–6 blanchierte Wirsingblätter
- 3 EL Gemüsebrühe
- mildes Chilisalz
- frisch geriebene Muskatnuss
- 100 g Sahne
- 1 EL Sahnemeerrettich

1 Für die Keulen 1 Zwiebel schälen und halbieren, das Lorbeerblatt mit den Gewürznelken auf einer Zwiebelhälfte feststecken. Die Keulen waschen und in der Brühe mit der gespickten Zwiebel 2½ bis 3 Stunden weich garen. Herausnehmen, abtropfen und abkühlen lassen. Die Gänsebrühe durch ein feines Sieb in ein hohes schmales Gefäß gießen und etwa 5 Minuten abkühlen lassen. Dann das oben schwimmende Fett abschöpfen und mit der Brühe beiseitestellen.

2 Für die Sauce die übrigen 2 Zwiebeln, Sellerie und Karotte schälen und ½ bis 1 cm groß würfeln. Puderzucker in einem Topf bei milder Hitze hell karamellisieren, Gemüsewürfel darin andünsten. Tomatenmark unterrühren und kurz mitrösten. Mit einem Drittel des Weins ablöschen und sirupartig einkochen lassen. Übrigen Wein nach und nach angießen und jeweils einköcheln lassen. 350 ml entfettete Gänsebrühe dazugießen und alles 30 bis 40 Minuten ziehen lassen, dabei Ingwer, Knoblauch, Orangenschale und Majoran hinzufügen.

3 Die Sauce durch ein Sieb in einen Topf gießen, ganze Gewürze entfernen. Stärke in wenig kaltem Wasser glatt rühren, in die Sauce geben und köcheln lassen, bis diese sämig bindet. Apfelspalten einige Minuten in der Sauce ziehen lassen, wieder entfernen. Die Sauce mit Salz, Pfeffer und etwas beiseitegestelltem Gänsefett abschmecken.

4 Für die Gänsekeulen etwa 30 Minuten vor dem Anrichten den Backofengrill auf 250 °C einschalten. Die Gänsekeulen nebeneinander auf ein Backblech legen und 5 bis 6 EL Gänsebrühe dazugießen. Im Ofen auf der unteren Schiene 20 bis 25 Minuten kross braten.

5 Inzwischen für das Püree die Kartoffeln waschen und in Salzwasser weich garen. Abgießen, kurz ausdampfen lassen, heiß pellen und durch die Kartoffelpresse drücken. Den Apfel schälen, entkernen und sehr klein würfeln. Die Milch erhitzen und unter die durchgepressten Kartoffeln rühren. Apfelmus, Butter und braune Butter untermischen, das Püree mit Salz, Pfeffer und Muskat würzen. Apfelwürfel in einer Pfanne mit Puderzucker anschwitzen, unter das Püree geben.

6 Den blanchierten Wirsing in etwa 1½ cm große Rauten schneiden und in einer Pfanne in der Brühe kurz erhitzen. Mit Chilisalz und etwas Muskatnuss würzen, Sahne und Meerrettich unterrühren. Zum Servieren jeweils etwas Sauce auf vorgewärmten Tellern verteilen. Die Gänsekeulen drauflegen und Wirsing und Püree daneben anrichten.

Warum die Österreicher ganz wild auf Rindviecher sind

Als die amerikanischen Prärien, von ein paar Indianern mal abgesehen, noch menschenleer waren, gab es in Österreich schon die ersten Cowboys. Kuhtreiber oder Cowboys trieben im Mittelalter riesige Herden von Weideochsen von der ungarischen Puszta bis hinunter nach Wien. Das war die einfachste Art und Weise, eine große Stadt zu ernähren, weil sich das Essen auf Hufen quasi fast von ganz allein anlieferte. Von damals stammt wohl auch die Liebe der Österreicher zu ihrem Rindfleisch.

Das Wiener Schnitzel als Statussymbol

Ob von der einfachen Suppe über das berühmte Wiener Schnitzel bis hin zu Gulasch oder Tafelspitz – das Rind erfreut sich auch heute noch der höchsten Beliebtheit. Das fängt schon beim Fleischhauer an, der so viele Schnitte beim Fleisch

kennt wie kein anderer. Und auch bei der Zubereitung herrscht ein Spezialistentum, da würde manch Ausländer im besten österreichischen Dialekt ausrufen: „Bist deppat!" Beim Gulasch zum Beispiel zählt das „Kuratorium Kulinarisches Erbe Österreich" 32 verschiedene Arten. Mindestens. Das Wiener Kalbsschnitzel ist weitaus mehr

01

als ein Sonntagsgericht, sondern gibt Auskunft über den sozialen Status. Wer sich kein teures Schnitzel leisten kann, der klopft am späten Sonntagvormittag trotzdem und gut hörbar für die Nachbarn energisch aufs Küchenbrett. So als ob er ein Schnitzel klopfen würde. Und auch der Tafelspitz ist Legende. Schuld daran ist der Kaiser Franz Joseph I. Der hatte schon fertig geschmaust, als am anderen Ende der Tafel erst das Rindfleisch serviert wurde. Und am Hof galt die strenge Regel: Wenn der Kaiser sein Besteck weggelegt hatte, durfte kein anderer mehr essen. Das war natürlich schlecht für die jungen und hungrigen Erzherzöge, die am Ende der Tafel saßen. Sie hatten meistens nur noch ein Spitzerl vom Braten abgekriegt, den Tafelspitz. Und so wurde aus dem Rindviech ein echtes Mitglied des K.-u.-k.-Reichs. Kaiserlicher Ku(h)lt.

01 Metzger Josef Kröppel aus Wien
legt Wert auf Qualität: Er bezieht
Jungrind von Kleinbauern aus
dem Steirischen Hügelland.

02 Küchenchef Zelko Jankovic
kocht seit zehn Jahren im
Wiener „Zwölf Apostelkeller".
Seine Spezialität: original
Wiener Schnitzel nach Kaiserart.

03 Stadtbekannt: Beinschinken der
Metzgerei Kröppel, der nach
Geheimrezept gepökelt, geräu-
chert und gedämpft wird.

04 Prost und Mahlzeit aus 18 Meter
Tiefe: Alfons Schuhbeck pro-
biert Tafelspitz und Co. im
Wiener „Zwölf Apostelkeller".

03

04

Kümmel-Rosmarin-Braten
mit Schwarzwurzel-Grünkohl-Salat

FÜR 4 BIS 6 PERSONEN

FÜR DEN BRATEN

- 2 Zwiebeln
- 250 g kleine festkochende Kartoffeln (z.B. Drillinge)
- 1 TL Öl
- ½ l Hühnerbrühe
- 1,2 kg Schweinebauch (mit Schwarte)
- 2 halbierte Knoblauchzehen
- 1 Zweig Rosmarin
- je 1 EL Petersilien- und Kerbelblätter (frisch geschnitten)
- Salz

FÜR DEN SALAT

- je 1 TL ganzer Kümmel und Fenchelsamen
- 1–2 TL Puderzucker
- 3 Grünkohlblätter
- Salz
- 750 g Schwarzwurzeln
- 2 EL Zitronensaft
- ¼ l Gemüsebrühe
- 2–3 EL Weißweinessig
- mildes Chilisalz
- Zucker
- 2 EL mildes Olivenöl
- 1 Msp. abgeriebene unbehandelte Zitronenschale
- frisch geriebene Muskatnuss

1 Für den Braten den Backofen auf 130 °C vorheizen. Zwiebeln schälen und in Spalten schneiden. Kartoffeln schälen und halbieren. Zwiebeln in einem Bräter im Öl anbraten, Kartoffeln und Brühe dazugeben. Schweinebauch auf der Schwarte direkt auf den Bräterboden setzen. Im Ofen auf der mittleren Schiene etwa 1½ Stunden garen. Dann aus dem Ofen nehmen, Schweinebauch aus dem Bräter nehmen und die Ofentemperatur auf 160 °C erhöhen. Die Schwarte mit einem scharfen Messer im Abstand von etwa 1 cm streifenförmig einritzen, sodass entlang der Schnitte später die Scheiben geschnitten werden können.

2 Das Zwiebel-Kartoffel-Gemüse durch ein Sieb gießen und die Brühe auffangen. Gemüse in einer Pfanne mit Knoblauch und Rosmarin würzen, Petersilie und Kerbel dazugeben. Schweinebauch mit der Schwarte nach oben wieder in den Bräter setzen, die aufgefangene Brühe dazugeben und den Braten im Ofen auf der mittleren Schiene noch etwa 1 Stunde garen. Anschließend aus dem Bräter nehmen und auf ein Backblech setzen. Die Ofentemperatur auf 220 °C Oberhitze erhöhen. Die Schwarte mit Salz würzen und den Braten im Ofen auf der untersten Schiene noch 20 bis 30 Minuten knusprig braten.

3 Währenddessen Kümmel und Fenchel in einer Pfanne bei milder Hitze erwärmen, etwas Puderzucker darüberstäuben und unter Rühren schmelzen. Noch weitere zwei- bis dreimal Puderzucker daraufstäuben und jedes Mal schmelzen. Die Mischung aus der Pfanne nehmen, abkühlen lassen und nach Belieben im Mörser zerreiben.

4 Die Grünkohlblätter waschen und trocken tupfen, harte Blattrippen entfernen. Die Grünkohlblätter in Salzwasser 4 bis 5 Minuten blanchieren, in ein Sieb abgießen, kalt abschrecken und abtropfen lassen. Schwarzwurzeln gründlich bürsten, schälen (dabei am besten Einweghandschuhe tragen!) und sofort in eine Schüssel mit Zitronenwasser legen. Dann schräg in etwa ½ cm dünne Scheiben schneiden und mit der Brühe in einen kleinen Topf geben. Mit einem passenden Stück Backpapier bedecken und knapp unter dem Siedepunkt 6 bis 8 Minuten bissfest dünsten. In einer Salatschüssel mit Essig, Chilisalz und 1 Prise Zucker mischen und mit Olivenöl verrühren. Den Grünkohl untermischen und alles mit Zitronenschale und Muskatnuss würzen.

5 Zum Servieren den Braten in Scheiben schneiden und mit dem Gemüse auf vorgewärmten Tellern anrichten. Mit dem karamellisierten Kümmel-Fenchel-Mix bestreuen und den Salat dazu reichen.

Mostbratl
mit Paprikaweißkraut

FÜR 4 BIS 6 PERSONEN

FÜR DEN BRATEN

- 3 große Zwiebeln
- 1 Karotte
- 150 g Knollensellerie
- ¼ l Apfel-Birnen-Most
- 1–2 TL Tomatenmark
- 400 ml Hühnerbrühe
- 1,2 kg Schweinehals
- 1–2 TL Speisestärke
- 2 halbierte Knoblauchzehen
- 1 Scheibe Ingwer
- ½–1 TL getr. Majoran
- ½ TL gemahlener Kümmel
- 1 Streifen unbehandelte
  Zitronenschale
- mildes Chilisalz

FÜR DAS KRAUT

- 500 g Weißkohl
- 1 Zwiebel
- je 1 rote und gelbe Paprikaschote
- 100 ml Gemüsebrühe
- 1 EL Petersilien- und 5 Estragonblätter (frisch geschnitten)
- 2 EL braune Butter
  (siehe Seite 59)
- mildes Chilisalz

1 Für den Braten den Backofen auf 160 °C vorheizen. Zwiebeln, Karotte und Sellerie schälen. Die Zwiebeln in etwa 1 cm dicke Scheiben schneiden. Die Karotte schräg in etwa 1 cm dicke Scheiben schneiden. Den Sellerie erst in etwa 1 cm dicke Scheiben, diese in etwa 3 cm breite Stücke schneiden. Vom Most 3 EL für die Sauce abnehmen und beiseitestellen.

2 Das Gemüse in einem Topf ohne Fett bei mittlerer Hitze kurz andünsten, das Tomatenmark unterrühren und kurz mitrösten, bis es am Topfboden anlegt. Mit dem übrigen Most und der Brühe aufgießen und alles in einen Bräter oder ein Reindl geben. Den Schweinehals daraufsetzen und im Ofen auf der mittleren Schiene etwa 3 Stunden garen, dabei zwischendurch mehrmals wenden.

3 Anschließend den Bräter aus dem Ofen nehmen, das Fleisch aus dem Bräter nehmen und warm halten. Die Sauce durch ein Sieb gießen, dabei das Gemüse entfernen, die Flüssigkeit zurück in den Bräter geben und nach Belieben etwas einköcheln lassen. Die Speisestärke mit dem beiseitegestellten Most glatt rühren, in die Sauce geben und köcheln lassen, bis diese leicht sämig bindet. Knoblauch, Ingwer, Majoran, Kümmel und Zitronenschale in die Sauce geben und 5 bis 10 Minuten ziehen lassen. Die ganzen Gewürze wieder entfernen und die Sauce mit Chilisalz abschmecken.

4 Für das Kraut die äußeren Blätter und den harten Strunk vom Kohl entfernen. Die Blätter waschen, trocken schütteln und in etwa 2 cm große Rauten schneiden. Die Zwiebel schälen und ebenfalls in Rauten schneiden. Die Paprika halbieren, entkernen, waschen und in Rauten schneiden. Zwiebel und Paprika in einem Topf ohne Fett andünsten. Die Brühe dazugießen und das Kraut hinzufügen, alles offen bei milder Hitze etwa 5 Minuten garen. Zuletzt Petersilie und Estragon hinzufügen, die braune Butter unterrühren und alles mit Chilisalz würzen.

5 Zum Servieren den Braten in Scheiben schneiden und mit der Sauce auf vorgewärmten Tellern anrichten. Das Kraut danebensetzen.

WEDER WEIN NOCH MOST: Ganz Österreich freut sich auf den Herbst, denn dann kommt der „Sturm" auf den Tisch: ein zum Teil vergorener Taubenmost, mit etwa vier Prozent Alkohol. Seinen Namen trägt der Sturm vom zischenden Geräusch des prickelnden Getränks.

Fiakergulasch mit Blumenkohl und Wachtelspiegelei

1 Für das Gulasch das Rindfleisch von Fett und groben Sehnen befreien und in 3 bis 4 cm große Würfel schneiden. Die Zwiebeln schälen und in feine Würfel schneiden, in einem Bräter ohne Fett einige Minuten hell andünsten. Den Rotwein dazugießen und fast vollständig einkochen lassen. Tomatenmark und passierte Tomaten unterrühren und kurz mitrösten. Das Fleisch hinzufügen und mit so viel Brühe auffüllen, dass das Fleisch gerade bedeckt ist. Mit einem passenden Stück Backpapier bedecken und knapp unter dem Siedepunkt etwa 3 ½ Stunden weich dünsten, aber nicht kochen lassen.

2 Für das Gulaschgewürz den Knoblauch schälen und fein hacken. Mit Kümmel, Majoran und Zitronenschale mischen. Beide Paprikapulver mit wenig Wasser glatt rühren. Etwa 30 Minuten vor Ende der Garzeit das Gulaschgewürz und das angerührte Paprikapulver zum Fleisch geben und unterrühren. Alles etwa 30 Minuten garen.

3 Inzwischen den Blumenkohl putzen, waschen und in etwa ½ cm breite Scheiben schneiden. Eine Pfanne bei mittlerer Temperatur erhitzen und das Öl mit einem Pinsel darin verstreichen, den Blumenkohl kurz andünsten, mit Muskatnuss und 1 Prise Salz würzen.

4 Für die Spiegeleier die braune Butter in einer Pfanne mit einem Pinsel verstreichen und etwas salzen. Wachteleier mit einem Sägemesser anritzen, in die Pfanne schlagen und darin 2 bis 3 Minuten zu Spiegeleiern stocken lassen. Die Essiggurken in Fächer schneiden.

5 Zum Servieren das Gulasch auf vorgewärmten Tellern anrichten. Mit Blumenkohl und Essiggurkenfächern garnieren, zuletzt je 1 Spiegelei daraufsetzen. Nach Belieben mit Majoranblättern garnieren.

FÜR 4 PERSONEN

FÜR DAS GULASCH
- 1 kg Rindfleisch (aus Wade oder Schulter)
- 1 kg Zwiebeln
- 1 Schuss Rotwein
- 1 EL Tomatenmark
- 100 g passierte Tomaten (aus der Dose)
- ca. 1 l Hühnerbrühe
- 2 Knoblauchzehen
- je 1 TL gemahlener Kümmel und getr. Majoran
- ½–1 TL abgeriebene unbehandelte Zitronenschale
- ½ EL edelsüßes Paprikapulver
- ½ TL Räucherpaprikapulver (Pimentón de la Vera picante)

AUSSERDEM
- 200 g Blumenkohl
- ½ TL Öl
- frisch geriebene Muskatnuss
- Salz
- 1–2 TL braune Butter (siehe Seite 59)
- 4 Wachteleier
- 4 kleine Essiggurken (ersatzweise 8–12 Cornichons)

TAXI AUF VIER HUFEN: Der Fiaker, die typische zweispännige Wiener Kutsche, ist eigentlich eine Erfindung der Franzosen. In der Pariser Rue Saint Fiacre befand sich ein bedeutsamer Lohnkutschen-Standplatz. An die 1000 Fiaker wurden zwischen 1860 und 1900 während der goldenen Wiener Jahre gezählt. Der Fiaker-Fahrer gilt damals wie heute als echtes Wiener Original.

Gesottener Tafelspitz
mit Rahmspinat und Semmelkren

FÜR 4 PERSONEN

FÜR DEN TAFELSPITZ

- 1½ kg Rindertafelspitz | Salz
- 3 Zwiebeln | 200 g Knollensellerie
- 1 Karotte | 1 dünne Stange Lauch
- je ½ TL schwarze Pfefferkörner und Wacholderbeeren
- 2 Lorbeerblätter | 1 Gewürznelke

FÜR DIE BRATKARTOFFELN

- 1 kg festkochende Kartoffeln
- Salz | 1 Zwiebel
- je 1 TL Koriander- und schwarze Pfefferkörner und ganzer Kümmel für die Gewürzmühle
- 1–2 EL Öl | mildes Chilisalz
- ½ TL getr. Majoran | 1 EL braune Butter (siehe Seite 59)
- 1 EL Petersilienblätter (frisch geschnitten)

FÜR DEN SEMMELKREN

- 80 g Toastbrot | 100 ml Milch
- 1 EL Sahnemeerrettich
- 1–2 EL geschlagene Sahne
- 1 EL Apfelmus | mildes Chilisalz
- 1 Msp. abgeriebene unbehandelte Zitronenschale
- frisch geriebene Muskatnuss
- 1 EL Schnittlauchröllchen

FÜR DEN RAHMSPINAT

- 800 g Blattspinat | Salz
- 60–80 g Sahne
- frisch geriebene Muskatnuss
- 1 fein geriebene Knoblauchzehe
- ½ TL fein geriebener Ingwer
- 1 Msp. abgeriebene unbehandelte Zitronenschale
- 3 cm Vanilleschote
- mildes Chilisalz

1 Für den Tafelspitz etwa 3 l Wasser in einem großen Topf aufkochen. Den Tafelspitz einlegen, dabei darauf achten, dass das Fleisch vollständig mit Wasser bedeckt ist. Leicht salzen und bei milder Hitze knapp unter dem Siedepunkt etwa 2½ Stunden mehr ziehen als köcheln lassen, bis das Fleisch weich ist. Zwiebeln, Sellerie und Karotte schälen, Lauch putzen und waschen, alles grob schneiden und nach etwa 1 Stunde zum Tafelspitz geben.

2 Währenddessen die Pfefferkörner und Wacholderbeeren in einer Pfanne ohne Fett leicht rösten und nach 1 weiterer Stunde Garzeit zum Fleisch geben, ebenso Lorbeer und Gewürznelke. Das Fleisch herausnehmen und warm halten, nach Belieben das Fett entfernen. Die Brühe durch ein feines Sieb gießen und anderweitig verwenden.

3 Für die Bratkartoffeln die Kartoffeln waschen und in Salzwasser weich garen. Abgießen und kurz ausdampfen lassen, noch heiß pellen und mehrere Stunden durchkühlen lassen. Koriander, Pfeffer und Kümmel in eine Gewürzmühle füllen. Kartoffeln in etwa ½ cm dünne Scheiben schneiden. Die Zwiebel schälen und in feine Würfel schneiden. Die Kartoffeln in einer großen Pfanne bei milder Hitze im Öl auf einer Seite goldbraun anbraten. Wenden, die Zwiebel dazugeben und kurz mitdünsten. Mit Chilisalz, der Mischung aus der Gewürzmühle und Majoran würzen, zuletzt braune Butter und Petersilie hinzufügen.

4 Für den Semmelkren das Toastbrot entrinden und in kleine Würfel schneiden. Mit der Milch beträufeln und kurz ziehen lassen. Dann Sahnemeerrettich und Schlagsahne unterrühren und das Apfelmus dazugeben. Mit Chilisalz, Zitronenschale und etwas Muskatnuss abschmecken. Mit den Schnittlauchröllchen garnieren.

5 Für den Rahmspinat den Spinat verlesen, waschen und grobe Stiele entfernen. Den Spinat in einem Topf in reichlich Salzwasser etwa 1 Minute blanchieren, in ein Sieb abgießen, kalt abschrecken und abtropfen lassen, leicht ausdrücken. Dann wieder in den Topf geben, die Sahne dazugießen und alles mit Muskatnuss, Knoblauch, Ingwer, Zitronenschale, Vanille und Chilisalz würzen.

6 Zum Servieren den Tafelspitz quer zur Faser in etwa ½ cm dünne Scheiben schneiden und auf vorgewärmten Tellern anrichten. Mit Bratkartoffeln, Rahmspinat und Semmelkren servieren. Nach Belieben noch einige Krenspäne darüberstreuen.

Rostbraten „Esterházy" mit Braterdäpfeln und Bohnengemüse

FÜR 4 PERSONEN

FÜR DEN ROSTBRATEN
- 1–2 EL getr. kleine Morcheln
- 600 ml kräftige Rinder- oder Hühnerbrühe | 1 Zwiebel
- 50 g Lauch (vom hellgrünen Teil)
- je ½ orange und gelbe Karotte
- 80 g Knollensellerie | ½ TL Öl
- 4 Scheiben Rinderlende (à ca. 200 g)
- 1 TL Puderzucker
- 150 ml Weißwein | 1 TL Dijon-Senf
- 2 TL Speisestärke | 100 g Sahne
- 1 Lorbeerblatt
- 2 Knoblauchzehen (in Scheiben)
- 3 Scheiben Ingwer
- ½ TL Wacholderbeeren
- 1 Streifen Zitronenschale
- 1 TL Butter | 1 TL Petersilien- blätter (frisch geschnitten)
- Salz | Pfeffer aus der Mühle
- frisch geriebene Muskatnuss

FÜR DIE BRATERDÄPFEL
- 1 kg festkochende Kartoffeln
- Salz | 1 Zwiebel
- 2 EL braune Butter (siehe Seite 59)
- 2 TL Bratkartoffelgewürz (ersatzweise gemahlener Kümmel und getr. Majoran)
- mildes Chilisalz

FÜR DAS GEMÜSE
- je 200 g breite und grüne Bohnen
- Salz | 100 g weiße Bohnen (aus der Dose)
- 1 EL Dillspitzen (frisch geschnitten)
- mildes Chilisalz
- 1 EL braune Butter

1 Für den Rostbraten die Morcheln in 100 ml heißer Brühe etwa 30 Minuten einweichen. Dann in ein mit einem sauberen Küchentuch ausgelegtes Sieb gießen, dabei den Sud auffangen, und abtropfen lassen. Das Gemüse putzen, schälen und in feine Streifen schneiden. In einem Topf ohne Fett kurz andünsten, übrige (½ l) Brühe dazugießen und alles kurz dünsten. Das Gemüse in ein Sieb gießen und zum Garnieren beiseitestellen, dabei die Brühe für die Sauce auffangen.

2 Eine Pfanne bei mittlerer Temperatur erhitzen und das Öl mit einem Pinsel darin verstreichen. Lende auf jeder Seite kurz anbraten, herausnehmen und auf einem vorgewärmten Teller beiseitestellen.

3 Den Puderzucker in den Bratensatz stäuben und karamellisieren. Den Wein dazugießen und fast vollständig einköcheln lassen. Mit etwas Morchelsud und aufgefangenem Gemüsesud aufgießen, den Senf unterrühren. Die Speisestärke mit wenig kaltem Wasser glatt rühren, in den Sud geben und köcheln lassen, bis dieser sämig bindet. Die Sahne hinzufügen, Lorbeer, Knoblauch, Ingwer, Wacholderbeeren und Zitronenschale dazugeben und darin einige Minuten ziehen lassen, dann wieder entfernen. Die Sauce warm halten.

4 Kartoffeln waschen und in einem Topf in Salzwasser weich garen. Abgießen und kurz ausdampfen lassen, noch heiß pellen und abkühlen lassen. Dann in große, dicke Scheiben schneiden. Zwiebel schälen und in feine Streifen schneiden. Kartoffeln in einer großen Pfanne in 1 EL brauner Butter bei milder Hitze auf einer Seite goldbraun anbraten. Wenden, Zwiebelstreifen dazugeben und mitdünsten. Mit Bratkartoffelgewürz und Chilisalz würzen, übrige braune Butter hinzufügen.

5 Für das Gemüse beide grünen Bohnensorten putzen, waschen und schräg in etwa 2 bis 3 cm große Stücke schneiden. In einem Topf in Salzwasser blanchieren, in ein Sieb abgießen, kalt abschrecken und abtropfen lassen. Weiße Bohnen in einem Sieb abbrausen und gut abtropfen lassen. Alle Bohnen in einer Pfanne ohne Fett kurz andünsten, mit Dill und Chilisalz würzen und die braune Butter unterrühren.

6 Zum Servieren das Fleisch in der Sauce rosa durchziehen lassen, die Morcheln dazugeben. Die Gemüsestreifen in der Butter erhitzen, Petersilie dazugeben und mit Salz, Pfeffer und Muskatnuss würzen. Fleisch und Morcheln mit der Sauce auf vorgewärmte Teller setzen. Gemüsestreifen, Braterdäpfel und Bohnengemüse daneben anrichten.

Wiener Schnitzel
mit Kartoffelsalat und Pfifferlingen

1 Für den Kartoffelsalat die Kartoffeln waschen und in einem Topf in Salzwasser weich garen. Abgießen und kurz ausdampfen lassen, noch heiß pellen und in dünne Scheiben schneiden. Kartoffelscheiben in eine Schüssel geben und noch heiß weiter verarbeiten. Die Zwiebel schälen und fein würfeln. Die Pfifferlinge gründlich putzen, falls nötig, waschen und trocken tupfen. Den Spargel waschen, im unteren Drittel schälen und die holzigen Enden abschneiden. Die Stangen schräg in etwa 2 cm breite Stücke schneiden.

2 Die Brühe erhitzen und in einem hohen Rührbecher mit Pfeffer, Essig und Senf verrühren, mit Salz und 1 Prise Zucker würzen und 1 Handvoll Kartoffelscheiben mit dem Stabmixer untermixen. Das Dressing nach und nach unter die übrigen Kartoffelscheiben mischen, bis die Flüssigkeit vollständig gebunden ist. Anschließend Zwiebel, Petersilie, Estragon und Schnittlauchröllchen unterrühren.

3 Den Spargel in einer Pfanne in der braunen Butter etwa 5 Minuten anbraten. Die Pilze dazugeben, mit Salz und Pfeffer würzen. Vom Herd nehmen, kurz abkühlen lassen und zum Kartoffelsalat geben.

4 Für die Schnitzel Eier und Sahne in einem tiefen Teller verquirlen. Das Mehl ebenso wie die Weißbrotbrösel in tiefe Teller geben. Die Schnitzel zwischen zwei Lagen geölter Frischhaltefolie mit dem Plattiereisen dünn klopfen, mit Zitronensaft besprenkeln und leicht salzen und pfeffern. Schnitzel zunächst im Mehl wenden, dabei überschüssiges Mehl abklopfen. Dann durch die Eiersahne ziehen und zuletzt in den Weißbrotbröseln wenden, ohne diese zu fest anzudrücken.

5 Das Butterschmalz in einer tiefen Pfanne erhitzen und die Schnitzel darin bei mittlerer Hitze erst auf einer Seite goldbraun backen. Wenden, falls nötig, noch etwas Butterschmalz dazugeben und das Fett durch eine leichte Vor- und Rückbewegung der Pfanne über die Schnitzel „schwappen" lassen, sodass die Panade der Schnitzel sich wellenartig wölbt. Zusätzlich kann man das heiße Fett noch mit einem Löffel über die Schnitzel gießen, bis sie schön goldbraun sind. Die Schnitzel herausnehmen und auf Küchenpapier abtropfen lassen.

6 Zum Servieren die Schnitzel auf vorgewärmten Tellern anrichten und mit den Zitronenspalten garnieren. Den Kartoffelsalat daneben anrichten und nach Belieben Preiselbeeren dazu reichen.

FÜR 4 PERSONEN
FÜR DEN KARTOFFELSALAT
- 1 kg festkochende Kartoffeln
- Salz
- 1 rote Zwiebel
- 150 g Pfifferlinge
- 250 g grüner Spargel
- 350 ml Hühnerbrühe
- Pfeffer aus der Mühle
- 3 EL Weißweinessig
- 1–2 TL Dijon-Senf
- Zucker
- 1 EL Petersilienblätter (frisch geschnitten)
- 3 Estragonblätter (frisch geschnitten)
- 1 EL Schnittlauchröllchen
- 3 EL braune Butter (siehe Seite 59)

FÜR DIE SCHNITZEL
- 2 Eier
- 1 EL Sahne
- 80 g doppelgriffiges Mehl (Instant- oder Spätzlemehl)
- 80 g Weißbrotbrösel
- 8 kleine Kalbsschnitzel (aus der Oberschale; à ca. 60 g)
- Öl für die Folie
- 1 Spritzer Zitronensaft
- Salz | Pfeffer aus der Mühle
- 150–200 g Butterschmalz
- 4 unbehandelte Zitronenspalten

Kalbsvögerl in Mostrahm mit grünen Dillnudeln

FÜR 4 PERSONEN

FÜR DIE FÜLLUNG
- 50 g Lauch (vom hellgrünen Teil)
- ½ Karotte | 50 g Knollensellerie
- Salz | 1–2 TL Dijon-Senf
- 2 EL Sahne
- 150 g Kalbsbrät (vom Metzger)
- 1 Msp. abgeriebene unbehandelte Zitronenschale
- 1–2 TL Petersilienblätter (frisch geschnitten) | mildes Chilisalz
- frisch geriebene Muskatnuss

FÜR DIE KALBSVÖGERL
- 8 dünne Scheiben Kalbfleisch (aus der Keule; à ca. 80 g)
- Öl für die Folie | 2 Zwiebeln
- 1 Stange Staudensellerie
- ½ Karotte | 1 TL Puderzucker
- 1 EL Tomatenmark | ¼ l Most
- 100 g passierte Tomaten (Dose)
- 1 Msp. Räucherpaprikapulver (Pimentón de la Vera picante)
- ½ l Hühnerbrühe | 50 g Sahne
- je 1 Msp. fein geriebener Knoblauch und Ingwer
- mildes Chilisalz

FÜR DIE NUDELN
- 250 g grüne Bandnudeln | Salz
- 1 Lorbeerblatt
- 2 Scheiben Ingwer
- 1 halbierte Knoblauchzehe
- 1 kleine getr. rote Chilischote
- 2 Kardamomkapseln (angedrückt)
- ½ TL Fenchel aus der Mühle
- 80 ml Hühnerbrühe
- 1 EL Dillspitzen (frisch geschnitten)
- frisch geriebene Muskatnuss
- 1 EL kalte Butter

1   Für die Füllung Lauch, Karotte und Sellerie waschen bzw. schälen und fein würfeln. In Salzwasser etwa 2 Minuten blanchieren, in ein Sieb abgießen, kalt abschrecken und abtropfen lassen. Senf und Sahne unter das Kalbsbrät mischen, nach Belieben 80 g Kochschinkenwürfel dazugeben, alles mit Zitronenschale, Petersilie sowie je 1 Prise Chilisalz und Muskatnuss würzen. Das Fleisch zwischen zwei Lagen geölter Frischhaltefolie mit dem Plattiereisen dünn klopfen. Jeweils mit der Brätmasse so bestreichen, dass die Ränder frei bleiben. Die Längsseiten nach innen schlagen, dann die Rouladen jeweils von der Schmalseite aufrollen und mit Zahnstochern fixieren.

2   Für die Sauce Zwiebeln und Karotte schälen, den Sellerie waschen, alles in etwa 1 cm große Würfel schneiden. Das Gemüse mit dem Puderzucker in einem Topf ohne Fett andünsten. Das Tomatenmark hinzufügen und kurz mitrösten. Den Most dazugießen. Die passierten Tomaten und das Räucherpaprikapulver hinzufügen und die Brühe angießen. Die Kalbsvögerl einlegen, mit einem passenden Blatt Backpapier bedecken und knapp unter dem Siedepunkt etwa 50 Minuten weich dünsten. Dabei zwischendurch wenden.

3   Währenddessen die Nudeln in reichlich kochendem Salzwasser mit Lorbeer, Ingwer, Knoblauch, Chilischote, Kardamom und Fenchel etwa 2 Minuten kürzer als auf der Packung angegeben garen, dabei ab und zu umrühren. In ein Sieb abgießen und abtropfen lassen, ganze Gewürze wieder entfernen. Zum Servieren die Nudeln in der Brühe kurz erhitzen und Dill, Muskatnuss und kalte Butter hinzufügen.

4   Die Rouladen aus dem Topf nehmen und beiseitestellen, die Sauce durch ein Sieb passieren, das Gemüse dabei etwas durchdrücken. Die Sahne unterrühren, die Sauce mit Knoblauch, Ingwer und Chilisalz würzen und die Kalbsvögerl darin nochmals erwärmen. Die Kalbsvögerl mit der Sauce auf vorgewärmte Teller setzen und die Nudeln daneben anrichten. Nach Belieben mit Dillspitzen garnieren.

> **ALLERLEI GEFLÜGEL:** Die österreichische Küche hat keine Schmetterlinge im Bauch, sondern Vögerl oder Vogerl. Kalbsvögerl sind zum Beispiel die Teile der Haxe ohne Knochen, während der Vogerlsalat nichts anderes ist als der deutsche Feldsalat.

Gefüllte Kalbsbrust

FÜR 6 BIS 8 PERSONEN

FÜR DIE KALBSBRUST

- 1½ Zwiebeln | ½ Karotte
- 100 g Knollensellerie
- 1 TL Puderzucker
- 1 TL Tomatenmark
- ¼ l Rotwein | ½ l Hühnerbrühe
- 2 kg Milchkalbsbrust
- 1 TL Speisestärke
- 1 Zweig Rosmarin
- je 1 Streifen unbehandelte Orangen- und Zitronenschale
- 1 Lorbeerblatt
- 1 kleine getr. rote Chilischote
- 2 Knoblauchzehe (in Scheiben)
- 3 Scheiben Ingwer
- je 1 TL Piment- und schwarze Pfefferkörner für die Gewürzmühle | Salz
- 2 EL Totentrompeten | 5 Eier
- 3½ EL braune Butter (siehe Seite 59)
- mildes Chilisalz
- Pfeffer aus der Mühle
- 200 g Semmeln vom Vortag
- 200 ml Milch | 100 g gekochter Schinken (in Würfeln)
- 1 fein geriebene Knoblauchzehe
- ½ TL fein geriebener Ingwer
- 1 TL abgeriebene unbehandelte Zitronenschale
- 1 EL Petersilienblätter und 2 Liebstöckelblätter (frisch geschnitten)
- frisch geriebene Muskatnuss

FÜR DAS GEMÜSE

- 100 g kleine feste Champignons
- 100 g Cocktailtomaten
- 200 g breite Bohnen | Salz
- 50 ml Gemüsebrühe
- 1–2 TL Dillspitzen (frisch geschnitten)
- getr. Bohnenkraut
- Chilisalz | 1 EL braune Butter

1 Für den Saucensansatz Zwiebel, Karotte und Sellerie schälen und klein würfeln. Alles in einem Topf ohne Fett andünsten, Puderzucker darüberstäuben und kurz mitdünsten. Tomatenmark unterrühren und kurz mitrösten. Wein dazugießen und auf ein Drittel einkochen lassen. Zuletzt Brühe hinzufügen, alles in einen Bräter geben.

2 Für die Füllung die Pilze mit kochend heißem Wasser übergießen und etwa 10 Minuten quellen lassen, dann abgießen und hacken. 3 Eier zu Rührei braten: Dazu eine große Pfanne bei milder Temperatur erhitzen und ½ TL braune Butter mit einem Pinsel darin verstreichen. Die Eier mit der übrigen (3 EL) braunen Butter in einem hohen Rührbecher mit dem Stabmixer aufschäumen. Die Masse in die Pfanne gießen und darin solange ziehen lassen, bis das Rührei langsam gestockt ist. Dabei mit einem Teigschaber vorsichtig hin- und herbewegen. Vom Herd nehmen, mit Chilisalz und Pfeffer würzen.

3 Die Semmeln ½ bis 1 cm groß würfeln und mit der erwärmten Milch übergießen. ½ Zwiebel schälen und fein würfeln, in einer Pfanne mit 80 ml Wasser weich garen, bis die Flüssigkeit eingekocht ist. Die übrigen 2 Eier, Zwiebel, Totentrompeten, Schinken, Knoblauch, Ingwer, Zitronenschale, Petersilie und Liebstöckel untermischen und alles mit Muskatnuss und Chilisalz würzen. Rührei locker unter die Füllung heben und alles einige Minuten ziehen lassen. Backofen auf 150 °C vorheizen. In die Kalbsbrust mit einem scharfen Messer vorsichtig eine Tasche einschneiden und mit der Masse füllen. Die Kalbsbrust mit Rouladennadeln verschließen, in den Bräter auf das Gemüse legen und im Ofen auf der mittleren Schiene etwa 3½ Stunden schmoren, bis die Brust weich ist. Dabei immer wieder mit dem Sud begießen.

4 Für das Gemüse die Pilze putzen und trocken abreiben, ggf. halbieren. Tomaten waschen. Bohnen putzen, waschen und in etwa 1½ cm breite Stücke schneiden. In kochendem Salzwasser bissfest blanchieren, in ein Sieb abgießen, kalt abschrecken und abtropfen lassen. Pilze, Tomaten, Bohnen und Brühe in einer Pfanne erhitzen und Dill, 1 Prise Bohnenkraut, Chilisalz und braune Butter hinzufügen.

5 Die Kalbsbrust aus dem Bräter nehmen und warm stellen. Sauce durch ein Sieb in einen Topf gießen, Gemüse ausdrücken. Die Stärke mit wenig kaltem Wasser glatt rühren, in die Sauce geben und köcheln lassen, bis diese sämig bindet. Rosmarin, Orangen- und Zitronenschale, Lorbeer, Chili, Knoblauch und Ingwer darin ziehen lassen, wieder entfernen. Piment und Pfeffer in eine Gewürzmühle füllen und die Sauce damit und mit Salz würzen. Zum Servieren die Kalbsbrust in Scheiben schneiden und mit Sauce und Gemüse anrichten.

Kaisergulasch vom Hirsch mit Selleriepüree

1 Für das Gulasch das Fleisch von Fett und groben Sehnen befreien und in etwa 3 cm große Würfel schneiden. Zwiebeln, Karotte und Sellerie putzen, schälen und alles etwa 1 cm groß würfeln. Den Puderzucker in einer großen tiefen Pfanne bei mittlerer Temperatur erhitzen und hell karamellisieren. Das Tomatenmark unterrühren und kurz mitrösten. Port- und Rotwein dazugießen und auf ein Drittel einkochen lassen. Blaubeersaft, Wammerl, Gemüse und Fleisch hinzufügen und alles mit so viel Brühe auffüllen, dass das Fleisch gut bedeckt ist. Das Gulasch mit einem passenden Stück Backpapier bedecken und knapp unter dem Siedepunkt etwa 2 Stunden weich dünsten.

2 Inzwischen Fenchel, Koriander und Pfeffer im Mörser leicht zerdrücken. Den Wacholder in einer Pfanne ohne Fett vorsichtig erhitzen, bis er zu glänzen beginnt. Die gemörserten Gewürze dazugeben. Den Würz-Mix mit Knoblauch, Ingwer, Lorbeerblatt und Vanille etwa 30 Minuten vor Ende der Garzeit ins Gulasch geben. Anschließend die Fleischstücke aus der Sauce fischen und die Sauce durch ein Sieb in einen Topf gießen, das Gemüse ausdrücken. Schokolade und Preiselbeeren unter die Sauce rühren. Die Fleischstücke wieder in die Sauce setzen und alles mit Salz abschmecken, warm halten.

3 Währenddessen für das Püree Sellerie und Kartoffeln schälen und etwa 1 cm groß würfeln. Brühe, Lorbeer und Chili in einem Topf erhitzen und Sellerie und Kartoffeln darin mit geschlossenem Deckel etwa 20 Minuten weich garen. In ein Sieb abgießen, dabei den Kochsud auffangen, Lorbeer und Chili entfernen. Sellerie und Kartoffeln mit dem Stabmixer pürieren, dabei so viel Kochsud wie nötig hinzufügen. Mit brauner Butter, Chilisalz und Muskatnuss abschmecken.

4 Die Pilze putzen und trocken abreiben. Die Trauben waschen und halbieren. Die Pilze in einer Pfanne im Öl bei mittlerer Temperatur anbraten und mit Chilisalz würzen. Die Trauben in einer Pfanne in der Butter bei milder Hitze kurz erhitzen. Den Rosenkohl putzen und äußere Blätter entfernen, den Rosenkohl waschen und halbieren. Dann in wenig Salzwasser 4 bis 5 Minuten blanchieren, in ein Sieb abgießen, kalt abschrecken und abtropfen lassen. In einer Pfanne in der braunen Butter andünsten, mit Chilisalz und Muskatnuss würzen. Zum Servieren das Gulasch mit dem Selleriepüree auf vorgewärmte Teller verteilen. Mit Pilzen, Trauben und nach Belieben mit 40 g Walnüssen garnieren. Den Rosenkohl danebensetzen. Gut passen auch selbst gemachte Sellerie-Chips noch dazu.

FÜR 4 PERSONEN

FÜR DAS GULASCH

- 1 kg Hirschfleisch (z. B. Schulter)
- 2 Zwiebeln | ½ kleine Karotte
- 120 g Knollensellerie
- 1 TL Puderzucker
- 1 EL Tomatenmark
- 50 ml Portwein | 300 ml Rotwein
- 80 ml Blaubeersaft (Direktsaft)
- 100 g geräuchertes Wammerl
- 200 ml Hühnerbrühe
- je ½ TL Fenchelsamen, Koriander- und schwarze Pfefferkörner
- 1 TL Wacholderbeeren (nicht angedrückt!)
- 1 Knoblauchzehe (in Scheiben)
- 2 Scheiben Ingwer | Salz
- 1 Lorbeerblatt | ½ Vanilleschote
- 1 Stück Zartbitterschokolade
- 1 EL Preiselbeeren (aus dem Glas)

FÜR DAS PÜREE

- 300 g Knollensellerie
- 200 g mehligkochende Kartoffeln
- 125 ml Gemüsebrühe
- 1 Lorbeerblatt
- 1 kleine getr. rote Chilischote
- 2 EL braune Butter (siehe Seite 59)
- mildes Chilisalz
- frisch geriebene Muskatnuss

AUSSERDEM

- 80 g kleine Pfifferlinge (ersatzweise kleine Champignons)
- 80 g kleine, kernlose rote und grüne Weintrauben | 1 TL Öl
- mildes Chilisalz | 1 TL Butter
- 400 g Rosenkohl | Salz
- 1 EL braune Butter
- frisch geriebene Muskatnuss

Lammrücken mit Steinpilzen und gebratener Linsen-Polenta

FÜR 4 PERSONEN

FÜR DIE POLENTA

- je 150 ml Milch und Gemüsebrühe
- 150 g Instant-Polenta (Maisgrieß)
- mildes Chilisalz
- frisch geriebene Muskatnuss
- ½ fein geriebene Knoblauchzehe
- 2 TL Rosmarinnadeln (frisch geschnitten)
- 1 Msp. abgeriebene unbehandelte Zitronenschale
- 2 EL geriebener Parmesan
- 1 großes Ei
- 60 g gegarte Berglinsen (aus der Dose; 2–3 EL roh)
- 1–2 TL braune Butter (siehe Seite 59)

FÜR DEN LAMMRÜCKEN

- 1 TL Öl | 600 g Lammlachs
- 5 EL braune Butter
- 2 Splitter Zimtrinde
- 3 cm Vanilleschote
- 5 Kardamomkapseln (angedrückt)
- 2 kleine getr. rote Chilischoten
- 2 Knoblauchzehe (in Scheiben)
- 3 Scheiben Ingwer
- 2 Streifen unbehandelte Zitronenschale
- 1 Zweig Rosmarin | Chilisalz

FÜR DIE PILZE

- 200 g feste kleine Steinpilze
- 4 Frühlingszwiebeln
- je ½ TL schwarze Pfeffer- und Korianderkörner, ganzer Kümmel und Fenchelsamen
- 1 TL Öl | 5 EL Sahne
- 1–2 TL Petersilienblätter (frisch geschnitten)
- Salz | Pfeffer aus der Mühle

1 Am Vortag für die Polenta die Milch und die Brühe in einem Topf aufkochen. Die Polenta unter Rühren mit einem Schneebesen einrieseln und kurz köcheln lassen, sodass ein dicker Brei entsteht. Die Polenta vom Herd nehmen und in eine Schüssel füllen, mit Chilisalz, Muskatnuss, Knoblauch, Rosmarin und Zitronenschale würzen und Parmesan, Ei und gegarte Linsen unterrühren.

2 Die Polenta auf einem Blatt Backpapier etwa 1 cm hoch verstreichen und ein zweites Blatt Backpapier darauflegen. Alles leicht flach drücken (oder mit dem Nudelholz vorsichtig rollen) und abkühlen lassen, dann im Kühlschrank durchziehen lassen.

3 Am nächsten Tag für den Lammrücken den Backofen auf 100 °C vorheizen. Auf die mittlere Schiene ein Ofengitter und darunter ein Abtropfblech schieben. Eine Pfanne bei mittlerer Temperatur erhitzen und das Öl mit einem Pinsel darin verstreichen. Das Lammfleisch rundum kurz anbraten, auf das Ofengitter legen und im Ofen 35 bis 40 Minuten rosa durchziehen lassen. Herausnehmen und zum Servieren in der Würzbutter erwärmen (siehe unten).

4 Inzwischen die Pilze putzen, trocken abreiben und grob schneiden. Die Frühlingszwiebeln putzen, waschen und in dünne Ringe schneiden. Pfeffer, Koriander, Kümmel und Fenchel in eine Gewürzmühle füllen. Eine Pfanne bei mittlerer Temperatur erhitzen, das Öl mit einem Pinsel darin verstreichen und die Pilze auf jeder Seite anbraten. Mit der Mischung aus der Gewürzmühle würzen und die Sahne dazugießen. Frühlingszwiebeln und Petersilie untermischen und alles mit Salz und Pfeffer abschmecken.

5 Zum Servieren die braune Butter mit Zimt, Vanille, Kardamom, Chilischoten, Knoblauch, Ingwer, Zitronenschale und Rosmarin in einer Pfanne erwärmen und einige Minuten ziehen lassen. Die Lammrücken in der Würzbutter wenden und mit Chilisalz abschmecken.

6 Die Polentaplatte in etwa 2 × 5 cm große Riegel schneiden. Die braune Butter in einer Pfanne zerlassen und die Polentariegel darin bei mittlerer Hitze goldbraun braten.

7 Zum Servieren die Steinpilze auf vorgewärmte Teller verteilen. Die Lammrücken in breite Stücke schneiden und darauf anrichten, die Polentariegel danebensetzen.

MEHLSPEISEN
& DESSERTS

Mehlspeisen, Kuchen und Desserts gehören zur Jausenkultur in Österreich. Wenn Mann/Frau am Nachmittag eine Zwischenmahlzeit zum „Kaffeetscherl" braucht, dann wird zu Süßem gegriffen. Das kann dann schon mal ein Stück **Sachertorte** sein oder ein ganz traditioneller **Gugelhupf**.

Die berühmteste Mehlspeise ist jedoch der **Kaiserschmarrn.** Gewidmet seiner Majestät Franz Joseph I. Ob das Gericht ein Küchenunfall war, ob das Rezept von einem Kaser auf der Alm stammt (daher der Name) oder ob Kaiserin Sisi ihn der guten Figur wegen verweigert hat – egal, ein guter Schmarrn ist einfach nicht zu toppen.

Mini-Germknödel
mit Powidl und Vanillesauce

FÜR 8 STÜCK

FÜR DEN HEFETEIG

- 270 g Mehl
- 100 ml Milch
- ½ Würfel Hefe (20 g)
- 1 Ei
- 30 g weiche Butter
- ½ TL Salz
- 10 g Zucker
- je 15 g Pistazienkerne und Mandeln
- Mehl zum Arbeiten
- 50 g Powidl (Pflaumenmus)
- je 3 Streifen unbehandelte Zitronen- und Orangenschale
- ½ Zimtstange
- ½ ausgekratzte Vanilleschote
- 5 Scheiben Ingwer
- 3 Kardamomkapseln (angedrückt)
- 1 EL zerlassene Butter für den Dämpfeinsatz
- 50 g Dampfmohn
- abgeriebene unbehandelte Zitronenschale und Puderzucker zum Servieren

FÜR DIE VANILLESAUCE

- 700 ml Milch
- 40 g Zucker
- 2 TL Vanillezucker (ersatzweise gemahlene Vanille)
- 2 Prisen Salz
- 2 Prisen gemahlene Kurkuma
- 20 g Speisestärke
- 2 Eigelb

1 Für den Hefeteig das Mehl in eine Rührschüssel sieben und in die Mitte eine Mulde drücken. Die Milch lauwarm erwärmen, die Hefe hineinbröckeln und glatt rühren. Die Hefemilch in die Mulde gießen und mit etwas Mehl verrühren. Ei, Butter, Salz und Zucker dazugeben und alles zu einem glatten Teig verkneten. Pistazienkerne und Mandeln fein hacken und am Ende zügig unterkneten.

2 Den Teig in 8 Portionen teilen und jede Portion mit leicht bemehlten Händen zu einem kleinen Fladen auseinanderdrücken. In die Mitte je 1 TL Powidl geben und den Teig darüber zusammendrücken. Die Knödel nebeneinander mit etwas Abstand auf der Nahtseite auf ein bemehltes Küchentuch setzen. Mit einem weiteren Küchentuch zugedeckt an einem warmen Ort etwa 30 Minuten gehen lassen.

3 Währenddessen für die Vanillesauce 600 ml Milch, Zucker, Vanillezucker, Salz und Kurkuma in einem Topf aufkochen. Die restliche Milch mit Speisestärke und Eigelben glatt rühren, in die kochende Milch geben und etwas köcheln lassen, bis diese sämig bindet. Dann die Sauce warm halten, dazu am besten direkt mit einem passenden Blatt Backpapier abdecken, damit sich keine Haut bildet.

4 Einen großen Dampftopf zu einem Viertel bis einem Drittel mit Wasser füllen und die Gewürze dazugeben. Den Dämpfeinsatz hineinsetzen und mit Butter einfetten. Das Würzwasser aufkochen, die Knödel nebeneinander mit etwas Abstand auf den Einsatz legen. Dabei darauf achten, dass reichlich Dampföffnungen des Dämpfeinsatzes frei bleiben (siehe Tipp). Die Knödel mit geschlossenem Deckel etwa 15 Minuten dämpfen.

5 Zum Servieren die Germknödel mit dem Schaumlöffel herausnehmen und auf vorgewärmte Dessertteller setzen. Auf jeden Knödel 1 TL Mohn und etwas Zitronenschale in die Mitte streuen, großzügig mit Puderzucker bestäuben und die Vanillesauce darum herumträufeln. Nach Belieben mit gemischten Beeren garnieren.

TIPP Idealerweise werden alle Knödel nach dem Gehen gleichzeitig gegart. Dazu entweder einen großen Topf oder zwei kleinere Töpfe verwenden – alternativ im Dampfbackofen zubereiten, falls vorhanden. Wichtig: Zwischen den Germknödeln müssen reichlich „Dampflöcher" frei bleiben, damit der Dampf auch nach oben steigen kann.

Palatschinken mit Sauerkirschen und karamellisierten Mandeln

1 Für die Kirschen die Speisestärke in einer Tasse mit etwas Kirschsaft glatt rühren. In einem Topf Rotwein und Portwein auf die Hälfte einkochen lassen. Den übrigen Kirschsaft, Zucker und Gewürze hinzufügen und alles einmal aufkochen. Die angerührte Speisestärke in den Ansatz geben und etwa 2 Minuten köcheln lassen, bis dieser sämig bindet. Alles durch ein Sieb gießen und zurück in den Topf geben. Die Kirschen hinzufügen und einmal aufkochen, vom Herd nehmen und das Kirschwasser dazugeben. Warm oder abgekühlt servieren.

2 Für die Palatschinken die Milch mit Zucker, Vanille, Zitronen- und Orangenschale in einer Rührschüssel mit einem Schneebesen verrühren. Das Mehl unterrühren, mit dem Stabmixer erst die Eier, dann die braune Butter untermixen. Den Teig etwa 30 Minuten quellen lassen.

3 Pro Palatschinken je 1 TL braune Butter und ½ TL Puderzucker in einer kleinen Pfanne zerlassen und ein Viertel des Teigs mit einem Schöpflöffel hineingeben. Die Pfanne schwenken, damit sich der Teig gleichmäßig dünn verteilt, und den Palatschinken goldbraun backen. Wenden und die andere Seite ebenfalls goldbraun backen. Den Palatschinken auf einen Teller gleiten lassen und beiseitelegen. Aus dem restlichen Teig weitere 7 dünne Palatschinken backen.

4 Die gehackten Mandeln in einer Pfanne ohne Fett bei milder Hitze leicht rösten. Sobald sie heiß sind, nach und nach den Puderzucker darüberstäuben und unter Rühren karamellisieren.

5 Zum Servieren jeweils 2 Palatschinken locker auf Teller setzen und die Kirschen daneben verteilen. Mit Puderzucker und Mandeln bestreuen, nach Belieben mit Minze garnieren. Dazu passt Vanilleeis.

FÜR 4 PERSONEN

FÜR DIE KIRSCHEN
- 1 TL Speisestärke
- 125 ml Kirschsaft
- 100 ml Rotwein
- 3 EL ml Portwein
- 1–2 EL Zucker
- 2 Scheiben Ingwer
- ½ ausgekratzte Vanilleschote
- 1 kleiner Splitter Zimtrinde
- je 1 Streifen unbehandelte Zitronen- und Orangenschale
- 200 g tiefgekühlte Sauerkirschen (aufgetaut; ersatzweise Sauerkirschen aus dem Glas)
- 1 Spritzer Kirschwasser

FÜR DIE PALATSCHINKEN
- 300 ml Milch | 2 EL Zucker
- 1 Msp. Vanillemark
- je ½ TL abgeriebene unbehandelte Zitronen- und Orangenschale
- 100 g Mehl | 4 Eier
- 4 EL braune Butter (siehe Seite 59)
- 4 EL braune Butter und 2 EL Puderzucker zum Ausbacken

FÜR DIE MANDELN
- 4 EL gehackte Mandeln
- 2 TL Puderzucker

SÜSS STATT HERZHAFT: Sie sind echte Kinder des Doppeladlers. Geboren in Ungarn, berühmt geworden in Österreich. Palatschinken sind hauchdünne, in einer Eisenpfanne herausgebratene Eierkuchen. Am besten gelingen sie mit Schlagobers. In Wien nennt man sie auch Amuletten. Das ist aber keine Mehlspeise zum Umhängen, sondern das Wort kommt von Omelette.

Wachauer Marillenknödel in Gewürzbröseln mit Mohnobers

FÜR 4 PERSONEN

FÜR DIE MARILLENKNÖDEL

- 400 g mehligkochende Kartoffeln
- Salz
- 100 g Magerquark bzw. Topfen (trocken, ggf. Quark in einem Sieb etwas ausdrücken)
- 50 g Speisestärke
- 50 g doppelgriffiges Mehl (Instant- oder Spätzlemehl)
- 50–55 g Hartweizengrieß | 1 Ei
- 4 EL zerlassene braune Butter (siehe Seite 59)
- abgeriebene Schale von 1 unbehandelten Zitrone
- Mark von ½ Vanilleschote
- 8 Marillen (Aprikosen)
- 8 Würfelzucker
- Marillenbrand zum Beträufeln

FÜR BRÖSEL UND OBERS

- 80 g Weißbrotbrösel
- 2 EL gemahlene Haselnüsse
- 1 EL gemahlene Pistazien
- 2 EL Zucker
- je 1 Msp. Zimtpulver, gemahlene Vanille und Kardamom sowie fein geriebener Ingwer
- 2 EL Butter | 200 g Sahne
- 1 Spritzer brauner Rum
- 1 TL Vanillezucker
- 1 EL Dampfmohn
- je 1 Msp. abgeriebene unbehandelte Zitronen- und Orangenschale

FÜR DEN KOCHSUD

- 2 EL Salz | 80 g Zucker
- 1 ausgekratzte Vanilleschote
- 2 Scheiben Ingwer | ½ Zimtrinde
- je 2 Streifen unbehandelte Zitronen- und Orangenschale

1 Für die Marillenknödel die Kartoffeln waschen und in einem Topf in Salzwasser weich garen. Abgießen und kurz ausdampfen lassen, noch heiß pellen und durch die Kartoffelpresse drücken (ca. 350 g). Den Kartoffelschnee auf einem großen Teller oder einem Tablett ausbreiten, ausdampfen lassen und zugedeckt mehrere Stunden, am besten über Nacht, kühl stellen.

2 Anschließend den abgekühlten Kartoffelschnee mit Topfen, Speisestärke, Mehl, Grieß, Ei, brauner Butter, Zitronenschale, Vanille und 1 Prise Salz zu einem glatten Teig verkneten.

3 Die Marillen waschen, halb aufschneiden (aber nicht durchschneiden!) und entsteinen. In jede Frucht statt des Steins 1 Würfelzucker legen und mit einigen Tropfen Marillenbrand beträufeln. Den Teig in 8 Portionen (à 70 bis 85 g) teilen und jede Portion mit den Händen leicht flach drücken. In die Mitte jeder Teigscheibe 1 gefüllte Marille setzen, mit Teig umhüllen und zu einem glatten Knödel drehen.

4 Für die Gewürzbrösel die Weißbrotbrösel mit Haselnüssen und Pistazien in einer Pfanne ohne Fett bei milder Hitze unter Rühren leicht rösten. Mit Zucker und Gewürzen bestreuen, zuletzt die Butter dazugeben und darin zerlassen. Die Brösel sofort aus der Pfanne nehmen und auf einem Teller abkühlen lassen.

5 Für den Kochsud in einem großen Topf 3 l Wasser mit Salz und Zucker aufkochen. Vanilleschote, Ingwer, Zimt und Zitrusschalen dazugeben. Die Marillenknödel darin knapp unter dem Siedepunkt etwa 15 Minuten mehr ziehen als köcheln lassen. Mit dem Schaumlöffel herausnehmen und kurz auf Küchenpapier abtropfen lassen, dann in den Gewürzbröseln wälzen.

6 Zum Servieren die Sahne mit 1 Spritzer Rum und Vanillezucker sämig schlagen und den Mohn unterrühren. Jeweils etwas Mohnobers auf Dessertteller geben, mit Zitronen- und Orangenschale bestreuen und die Knödel daraufsetzen. Nach Belieben mit Puderzucker bestäuben und mit Minzespitzen garnieren.

TIPP Damit die Marillenknödel beim Kochen nicht so leicht „ausfransen", können Sie noch 1 EL Speisestärke in kaltem Wasser anrühren und in den Kochsud geben. Das verleiht den Knödeln eine kompakte Hülle und klappt auch bei anderen Knödeln.

Ohne Mehlspeisen und Süßes würde Österreich stillstehen

Tu felix Austria! Heißt übersetzt: du glückliches Österreich! Allerdings, denn auch die süße Küche kommt in unserem Nachbarland nicht zu kurz. Dessert-Liebhaber fühlen sich hier durchaus wohl. Ob Germknödel, Linzer Torte, Reindling oder Strudel – in Österreich hängt der Himmel nicht voller Geigen, sondern voller herrlicher Backwaren. Und wo, bitte schön, gibt es sonst schon eine gekrönte Süßspeise, den Kaiserschmarrn?

Wie das Kaffeekränzchen salonfähig wurde

Die Mehlspeisenvielfalt geht auf die besondere Geschichte des rot-weiß-roten Bundesstaats zurück. Auf dem Höhepunkt der K.-u.-k.-Monarchie zählte Österreich nämlich knapp 51 Millionen Einwohner aus einem guten Dutzend Staaten. Und da hat jeder seine Süßspeise mit ins Reich gebracht. Der Palatschinken reiste aus Ungarn an, die Kolatschen aus Mähren – und der berühmte Schmarrn kam von der Alm herab nach Wien ins süße Zentrum der Donaumonarchie. Denn dort wurden Ende des 19. Jahrhunderts aus

01

den schlichten Mehlspeisen erst süße Meisterwerke der kulinarischen Verführungskunst. Dank der vielen talentierten böhmischen Köchinnen und der Wiener Zuckerbäcker. In der Biedermeierzeit erfreuten sich Mehlspeisen besonderer Beliebtheit. Die Damen der besseren Gesellschaft veranstalteten feine Salons für Kaffee und Kuchen, den vornehmen Vorläufern des heutigen Kaffeekränzchens. Und beim Nachmittagstrunk im Kaffeehaus durfte ein Süßgebäck nicht fehlen. Aber bitte mit Sahne! Entschuldigung, liebe Österreicher. Es muss natürlich heißen: aber bitte mit Schlag oder mit Obers. Der Schlagobers ist nämlich eine süße Allzweckwaffe, die gerne zum Einsatz kommt. Und die zu Hause auch zur absoluten Grundausstattung der österreichischen Hausfrau gehört.

03

02

04

01   Der Germknödel kommt ursprünglich aus Böhmen und gehört zu den absoluten Klassikern der Wiener Mehlspeisen.

02   Gegen Ende des 19. Jahrhunderts tauchte erstmals die Bezeichnung „Palatschinke" in Kochbüchern auf. Das Wort leitet sich aus dem Lateinischen „placenta" ab, was so viel heißt wie „Kuchen".

03   Die Wachauer Marille – Grundlage der Wachauer Marillenknödel – ist eine besondere Sorte, die sogar ein europaweit gültiges Zertifikat für ihre Qualität erhielt.

04   Fast so berühmt wie die Torte ist der Apfelstrudel mit Vanillesauce aus dem Hotel Sacher. Weil er so lange haltbar ist, diente die Mehlspeise früher auch als Marschverpflegung für Soldaten.

Kaiserschmarrn
mit eingelegten Zwetschgen

FÜR 4 PERSONEN

FÜR DEN KAISERSCHMARRN

- 150 g Mehl
- ¼ l Milch
- ⅓ TL Backpulver
- 50 g Sahne
- 2 EL braune Butter
  (siehe Seite 59)
- 1 EL Vanillezucker
- 5 Eigelb
- 1 TL brauner Rum
- 5 Eiweiß
- Salz
- 90 g Zucker
- 1 EL gehackte Pistazienkerne
- 2 EL gebräunte Mandelblättchen
- je 1 TL abgeriebene unbehandelte
  Zitronen- und Orangenschale

FÜR DIE ZWETSCHGEN

- 300 g Zwetschgen
- ¼ l Rotwein
- 50 ml Portwein
- 1 Spritzer Zwetschgenwasser
- 1 TL Speisestärke
- 50 g Zucker
- 2 Scheiben Ingwer
- ½ ausgekratzte Vanilleschote
- 1 kleiner Splitter Zimtrinde
- je 1 Streifen unbehandelte
  Zitronen- und Orangenschale
- Puderzucker zum Bestäuben

1 Für den Kaiserschmarrn den Backofen auf 175 °C vorheizen. Das Mehl in eine Schüssel sieben und mit der Milch glatt rühren, dann Backpulver, Sahne, 1 EL braune Butter, Vanillezucker, Eigelbe und Rum unterrühren. Die Eiweiße mit 1 Prise Salz und 50 g Zucker zu einem glänzenden, cremigen Schnee schlagen. Ein Drittel des Eischnees mit einem Schneebesen unter die Mehl-Milch-Mischung rühren, den übrigen Eischnee mit einem Teigschaber unterheben.

2 Zwei große ofenfeste Pfannen (à ca. 28 cm Durchmesser) bei milder Temperatur erhitzen und je 1 TL braune Butter mit einem Pinsel darin verstreichen. Den Teig jeweils zur Hälfte etwa 1½ cm hoch einfüllen und auf der Unterseite hell anbacken. (Alternativ den gesamten Teig in nur eine Pfanne etwas höher einfüllen und backen.)

3 Danach die Pfannkuchen im Ofen auf der mittleren Schiene noch 15 bis 20 Minuten goldbraun backen. Herausnehmen, in mundgerechte Stücke zupfen und mit dem übrigen (40 g) Zucker in der Pfanne auf dem Herd goldbraun karamellisieren. Zuletzt Pistazien, Mandeln und Zitrusschalen darüberstreuen und alles nochmals durchschwenken.

4 Inzwischen die Zwetschgen waschen, halbieren und entsteinen. In einem Topf Rotwein, Portwein und Zwetschgenwasser auf die Hälfte einkochen lassen. Die Speisestärke mit etwas kaltem Wasser glatt rühren, in den Ansatz geben und köcheln lassen, bis dieser sämig bindet. Den Zucker und die Würzzutaten hinzufügen und diese darin kurz ziehen lassen, dann wieder entfernen. Zuletzt die Zwetschgen hinzufügen und alles nochmals aufkochen.

5 Zum Servieren den Schmarrn auf vorgewärmte Teller verteilen und mit Puderzucker bestäuben. Die Zwetschgen separat dazu reichen.

TIPP Sie können die „Pfannkuchen" gut auf Vorrat backen und erst abkühlen lassen. Dann zum Servieren wie beschrieben fertigstellen. Wer will, würzt den Kaiserschmarrn intensiver: Dazu in eine Gewürzmühle je 1 TL Kardamomsamen, Pimentkörner, Fenchelsamen, Zimtsplitter, schwarze Pfefferkörner und getrocknete Ingwerstücke füllen. Den Kaiserschmarrn in der Pfanne zerzupfen und mit der Mischung aus der Mühle würzen.

Millirahmstrudel

FÜR 10 PERSONEN

FÜR DEN TEIG
- 300 g Mehl
- Salz
- 4 EL Öl
- 1 Eigelb

FÜR DIE FÜLLUNG
- 120 g weiche Butter
- 40 g Puderzucker
- abgeriebene Schale von
  1 unbehandelten Zitrone und
  ½ unbehandelten Orange
- 1 EL Vanillezucker
- 2 Eigelb
- 400 g Magerquark bzw. Topfen
  (Zimmertemperatur)
- 300 g saure Sahne
  (Zimmertemperatur)
- 2 Eiweiß ❘ 50 g Zucker
- Salz ❘ 25 g Mehl
- 50 g Rumrosinen

FÜR DEN GUSS
- ¼ l Milch
- 60 g Crème fraîche
- 2 Eier ❘ 3 EL Zucker
- ausgekratztes Mark von
  1 Vanilleschote

AUSSERDEM
- 50 g zerlassene Butter für die
  Form und zum Bestreichen
- Mehl zum Bestäuben und zum
  Arbeiten

1 Für den Teig das Mehl mit 1 Prise Salz in eine Rührschüssel sieben und in die Mitte eine Mulde drücken. 3 EL Öl mit 150 ml lauwarmem Wasser und dem Eigelb in die Mulde geben und alles mit den Knethaken des Handrührgeräts oder der Küchenmaschine zu einem glatten Teig verkneten. Den Teig halbieren, jede Hälfte zu einer Kugel formen und mit dem restlichen Öl bestreichen. In Frischhaltefolie gewickelt bei Zimmertemperatur etwa 1 Stunde ruhen lassen.

2 Inzwischen für die Füllung die Butter mit Puderzucker, Zitrusschalen und Vanillezucker in einer Rührschüssel aufschlagen. Die Eigelbe unterrühren und Quark und saure Sahne nach und nach dazugeben. Die Eiweiße mit einem Drittel des Zuckers und 1 Prise Salz zu cremigem Schnee schlagen, dabei den übrigen Zucker einrieseln lassen. Das Mehl über die Buttermasse sieben und mit den abgetropften Rumrosinen untermischen. Zuletzt den Eischnee unterheben.

3 Den Backofen auf 180 °C vorheizen. Ein Reindl oder eine Auflaufform (ca. 25 × 30 cm) mit Butter einfetten. Die Teigkugeln jeweils halbieren, mit Mehl bestäuben und auf einem großen leicht bemehlten Küchentuch zu einem Quadrat (ca. 40 × 40 cm) ausrollen. Dann den Teig über die Handrücken vorsichtig zu einem hauchdünnen Rechteck ausziehen und sofort mit zerlassener Butter bestreichen.

4 Ein Viertel der Füllung an der Längsseite des Teigs in einem Strang verteilen. Dabei an den Schmalseiten je etwa 5 cm frei lassen und den Rand nach innen einschlagen. Den Strudel mithilfe des Küchentuchs aufrollen und auf der Naht in die Form legen. Die übrigen 3 Strudel ebenso herstellen und danebensetzen. Alle mit Butter bestreichen und im Ofen auf der mittleren Schiene etwa 15 Minuten backen.

5 Währenddessen für den Guss die Milch mit Crème fraîche, Eiern, Zucker und Vanille in einem hohen Rührbecher mit dem Stabmixer verrühren und durch ein Sieb gießen. Die Strudel mit dem Guss übergießen und im Ofen noch etwa 30 Minuten backen. Herausnehmen und etwa 20 Minuten abkühlen lassen. Anschließend auf vorgewärmten Tellern servieren und nach Belieben mit Puderzucker bestäuben.

„Alfons im Hemd" mit Gewürzsahne

1 Für die Soufflés den Backofen auf 220 °C vorheizen. Auf die unterste Schiene ein tiefes Backblech schieben und etwa 2 cm hoch mit heißem Wasser füllen. Die Förmchen mit Butter einfetten und mit Zucker ausstreuen.

2 Die Mandelblättchen in einer Pfanne ohne Fett leicht rösten, herausnehmen und abkühlen lassen. Die Schokolade hacken und in einer Metallschüssel über dem heißen Wasserbad unter Rühren schmelzen.

3 Die Eier trennen. Die weiche Butter mit Ingwer, Zitronen- und Orangenschale in einer Rührschüssel mit den Quirlen des Handrührgeräts schaumig schlagen. Nach und nach die Eigelbe unterrühren. Die flüssige Schokolade und den Rum ebenfalls hinzufügen und unterrühren. Die Eiweiße mit 1 Prise Salz zu einem cremigen Schnee schlagen, dabei nach und nach den Zucker einrieseln lassen. Den Eischnee mit einem Teigschaber vorsichtig unter die Schokoladenmasse ziehen, zuletzt die Mandelblättchen unterheben.

4 Die Förmchen jeweils etwa drei Viertel hoch mit der Schokoladenmasse füllen und in das vorbereitete Blech stellen. Die Schokoladensoufflés im Ofen im heißen Wasserbad 15 bis 20 Minuten backen.

5 Inzwischen für die Gewürzsahne die Sahne mit Vanillezucker, Gewürzen und Orangenschale in einem hohen Rührbecher mit den Quirlen des Handrührgeräts halbsteif schlagen.

6 Die Schokoladensoufflés aus dem Ofen nehmen und sofort auf Dessertteller stürzen. Die Soufflés mit der Gewürzsahne garnieren und sofort servieren. Nach Belieben mit Himbeeren und gerösteten Mandelblättchen bestreuen.

TIPP Die Schokoladensoufflés sollten Sie erst kurz vor dem Servieren backen – frisch aus dem Ofen sind sie wunderbar luftig und schmecken am besten. Um die heißen Förmchen zu stürzen, mit einem gefalteten Küchentuch oder einer Stoffserviette anfassen.

FÜR 4 SOUFFLÉFÖRMCHEN (À CA. 150 ML INHALT)
FÜR DIE SOUFFLÉS
- weiche Butter und Zucker für die Förmchen
- 2 EL Mandelblättchen
- 35 g Zartbitterschokolade
- 3 Eier
- 35 g weiche Butter
- 1 TL fein geriebener Ingwer
- je 1 TL abgeriebene unbehandelte Zitronen- und Orangenschale
- 1 TL brauner Rum
- Salz
- 40 g Zucker

FÜR DIE GEWÜRZSAHNE
- 200 g Sahne
- 1 TL Vanillezucker
- je ½ TL gemahlener Kardamom und Zimtpulver
- je 1 Msp. gemahlener Anis und Piment
- ½ TL abgeriebene unbehandelte Orangenschale

Kürbiskern-Gugelhupferl mit Weinchadeau

FÜR 1 GUGELHUPFFORM (CA. 550 ML INHALT)

FÜR DEN GUGELHUPF

- weiche Butter und Mehl für die Form
- 100 g weiche Butter
- 50 g Puderzucker
- 1 TL Vanillezucker
- je ½ TL abgeriebene unbehandelte Zitronen- und Orangenschale
- 2 Eigelb
- 1 TL brauner Rum
- 100 g Mehl
- ½ TL Backpulver
- 2 Eiweiß
- Salz | 50 g Zucker
- Puderzucker zum Bestäuben

FÜR DIE KÜRBISKERNE

- 40 g Kürbiskerne
- 1–2 TL Puderzucker

FÜR DEN WEINCHADEAU

- ¼ Blatt weiße Gelatine
- 2 Eigelb
- 60 ml trockener Weißwein
- 30 g Zucker
- ½ EL Zitronensaft
- 2 EL geschlagene Sahne
- 1 Msp. Frühstücksquarkgewürz (ersatzweise je 1 Prise Zimt- und Ingwerpulver sowie gemahlene Kurkuma, Vanille und gemahlener Kardamom)

1   Für den Gugelhupf den Backofen auf 175 °C vorheizen. Die Form mit weicher Butter gründlich einfetten und mit Mehl ausstäuben. Die Kürbiskerne in einer Pfanne ohne Fett leicht rösten, bis sie knacken. Die Pfanne vom Herd nehmen, den Puderzucker nach und nach darüberstäuben und durchrühren. Dann die Kerne sofort herausnehmen und auf einem Teller abkühlen lassen, grob hacken.

2   Für den Gugelhupf die weiche Butter in einer Rührschüssel mit Puderzucker, Vanillezucker, Zitronen- und Orangenschale schaumig rühren. Die Eigelbe nach und nach dazugeben und unterrühren. Den Rum hinzufügen und die Masse hellschaumig aufschlagen. Das Mehl mit dem Backpulver sieben und mit den Kürbiskernen mischen. Die Eiweiße mit 1 Prise Salz und einem Drittel des Zuckers cremig schlagen, nach und nach den übrigen Zucker einrieseln lassen und alles zu einem festen Schnee weiterschlagen. Den Eischnee abwechselnd mit der Mehl-Kürbiskern-Mischung unter die Buttermasse heben.

3   Den Teig etwa drei Viertel hoch in die Form füllen und im Ofen im unteren Drittel 35 bis 40 Minuten backen. Herausnehmen und etwa 5 Minuten in der Form abkühlen lassen, dann vorsichtig stürzen und auf einem Kuchengitter vollständig auskühlen lassen.

4   Für den Weinchadeau die Gelatine in kaltem Wasser einweichen. Die Eigelbe mit Wein, Zucker und Zitronensaft in einer Metallschüssel über dem heißen Wasserbad mit einem Schneebesen oder den Quirlen des Handrührgeräts feinschaumig aufschlagen. Dabei die Masse höchstens auf 75 °C erhitzen (Speisethermometer!). Die Gelatine gut ausdrücken und unter Rühren in der warmen Schaummasse auflösen. Dann die Masse im eiskalten Wasserbad kalt schlagen und geschlagene Sahne und Frühstücksquarkgewürz unterheben.

5   Zum Servieren den Gugelhupf in Stücke schneiden, auf Desserttellern anrichten und mit Puderzucker bestäuben. Den Weinchadeau darum herumziehen. Nach Belieben mit Beeren garnieren.

TIPP Alternativ können Sie die Mengen verdoppeln und den Teig in einer größeren Gugelhupfform (ca. 1,1 l Inhalt) backen – die Backzeit beträgt dann etwa 1 Stunde 10 Minuten. Oder Sie geben den Teig in ein 12er-Muffinblech. Üblicherweise wird Weinchadeau frisch aufgeschlagen und warm serviert. Der Vorteil hier: Er lässt sich gut vorbereiten und bis zum Servieren im Kühlschrank aufbewahren.

Topfenmousse mit Blaubeeren

FÜR 4 PERSONEN
FÜR DIE TOPFENMOUSSE
- 125 g Magerquark bzw. Topfen
- 25 g Zucker
- je 1 Msp. abgeriebene unbehandelte Zitronen- und Orangenschale
- 1 EL Zitronensaft
- 1 TL brauner Rum
- 1 Msp. Vanillemark
- 250 g Sahne
- 2 Eiweiß
- 50 g Zucker | Salz

FÜR DIE BLAUBEEREN
- 200 g Blaubeeren
- ½ TL Speisestärke
- 100 ml Blaubeersaft (Direktsaft)
- 1 EL Zucker
- 2–3 Splitter Zimtrinde
- ¼ aufgeschlitzte Vanilleschote
- 1 Scheibe Ingwer
- je ½ Streifen unbehandelte Zitronen- und Orangenschale

1 Für die Topfenmousse den Quark in einer Rührschüssel mit Zucker, Zitronen- und Orangenschale, Zitronensaft, Rum und Vanille glatt rühren. Die Sahne halbsteif schlagen. Die Eiweiße mit Zucker und 1 kleinen Prise Salz cremig schlagen. Erst die Schlagsahne mit einem Teigschaber unter die Quarkmasse ziehen, dann den Eischnee vorsichtig unterheben.

2 In ein Sieb ein sauberes Küchentuch legen, das Sieb in eine Schüssel hängen und die Quarkmasse hineinfüllen. Mit Frischhaltefolie bedecken und im Kühlschrank 3 bis 4 Stunden abtropfen lassen, sodass sich die Konsistenz der Mousse stabilisiert. Dann servieren oder in einer Schüssel zugedeckt im Kühlschrank aufbewahren.

3 Die Blaubeeren verlesen, waschen und trocken tupfen. Die Speisestärke mit 2 EL Blaubeersaft glatt rühren. Den übrigen Saft mit dem Zucker in einem Topf aufkochen, die angerührte Speisestärke dazugeben und köcheln lassen, bis der Saft leicht sämig bindet.

4 Anschließend Zimt, Vanilleschote, Ingwer, Zitronen- und Orangenschale in den Blaubeersud geben. Die Sauce vom Herd nehmen und lauwarm abkühlen lassen. Durch ein Sieb gießen und die Würzzutaten wieder entfernen. Die Sauce mit den Beeren mischen und vollständig abkühlen lassen.

5 Zum Servieren die Blaubeeren auf Dessertschalen verteilen. Die Mousse in Nocken daraufsetzen, dabei eventuell mit einem Eisportionierer arbeiten. Nach Belieben mit Minzespitzen, gehackten Pistazien und Himbeeren garnieren.

TIPP Die Mousse enthält keine Gelatine und wird hier durch das Abtropfen etwas luftiger. Falls Sie keinen Topfen erhalten – so heißt er im süddeutschen und österreichischen Raum –, können Sie auch Magerquark verwenden. Österreichische Molkereien entwässern traditionell den Quark, weshalb ihr Topfen meist fester und trockener ist.

Sacher-Mousse
mit Marillengelee

FÜR 4 PERSONEN
FÜR DIE MOUSSE
- 100 g Zartbitterkuvertüre
- 1 kleines Ei
- 1 TL Zucker
- je 1 Msp. Zimtpulver, gemahlene Vanille und Kardamom sowie fein geriebener Ingwer
- 1 EL brauner Rum
- 200 g Sahne

FÜR DAS GELEE
- 1 Blatt Gelatine
- 1 TL Marillenschnaps
- 100 ml Marillensaft (Aprikosensaft; ersatzweise Pfirsichsaft)
- milde Chiliflocken

1 Für die Mousse die Zartbitterkuvertüre grob hacken und in einer Metallschüssel über dem heißen Wasserbad unter Rühren schmelzen. Ei, Zucker und Gewürze in eine weitere Metallschüssel geben und mit einem Schneebesen über dem heißen Wasserdampf hellschaumig aufschlagen. Die geschmolzene Kuvertüre unterrühren und die Masse vom Wasserbad nehmen. Zuletzt den Rum untermischen und alles etwa 10 Minuten abkühlen lassen.

2 Die Sahne halbsteif schlagen. Ein Drittel mit einem Schneebesen unter die Schokoladenmasse rühren, den Rest mit einem Teigschaber vorsichtig unterheben. Die Mousse in Dessertgläser füllen und 1 bis 2 Stunden kühl stellen. Die Oberfläche sollte dabei vollständig glatt sein, deshalb die Gläser nach dem Füllen eventuell leicht auf die Arbeitsfläche stoßen.

3 Für das Gelee die Gelatine in kaltem Wasser einweichen. Den Marillenschnaps und 1 EL Marillensaft in einem Topf erwärmen. Die Gelatine ausdrücken und im Schnaps-Mix unter Rühren auflösen.

4 Den übrigen Marillensaft in eine Schüssel geben und die warme Gelatinemischung darin unter Rühren auflösen. Die Masse so lange abkühlen lassen, bis sie beginnt zu gelieren. Dazu entweder auf Eiswasser mit einem Teigschaber rühren oder im Kühlschrank abkühlen lassen und zwischendurch rühren.

5 Die leicht gelierte Flüssigkeit als dünnen Spiegel auf der Mousse in den Dessertgläsern verteilen, mit 1 Prise Chiliflocken bestreuen und entweder im Kühlschrank fest werden lassen oder sofort servieren. Nach Belieben mit weißen und dunklen Schokospänen und gemischten Beeren garnieren.

DAS TORTEN-DILEMMA: Die Wiener Sachertorte ist nach den Salzburger Mozartkugeln die berühmteste Süßspeise Österreichs. Es gibt auch heute noch Sacher und Widersacher (Friedrich Torberg), welcher Kuchen denn nun besser schmeckt: die original Sachertorte im gleichnamigen Hotel oder doch die Eduard-Sacher-Torte in der Zuckerbäckerei Demel. Eine echte Geschmacksfrage.

Geeistes Kletzensoufflé mit Mandarinen

1 Für das Eis die getrockneten Birnen klein würfeln. In einer Schüssel mit dem heißen Tee übergießen und etwa 1 Stunde ziehen lassen. Anschließend in ein Sieb abgießen und gut abtropfen lassen. Nach Belieben in einer Tasse mit 1 Spritzer Rum oder Birnengeist mischen.

2 Die Walnüsse grob hacken, in einer Pfanne ohne Fett erhitzen, nach und nach mit dem Puderzucker bestäuben und unter Rühren leicht karamellisieren. Aus der Pfanne nehmen und abkühlen lassen.

3 Die Gelatine in kaltem Wasser einweichen. Eigelbe, Ei, Honig, Vanille, Zitronen- und Orangenschale in einer Metallschüssel über dem heißen Wasserbad mit einem Schneebesen oder den Quirlen des Handrührgeräts feinschaumig aufschlagen. Dabei die Masse höchstens auf 75 °C erhitzen (Speisethermometer!). Die Gelatine ausdrücken und unter Rühren in der warmen Schaummasse auflösen.

4 Die Masse aus dem Wasserbad nehmen und mit einem Schneebesen so lange weiterschlagen, bis sie abgekühlt ist und leicht zu gelieren beginnt (nach Belieben über einem Eiswasserbad). Die Sahne cremig aufschlagen und mit den Birnenwürfeln und karamellisierten Walnüssen unter die Eiermasse ziehen.

5 Die Förmchen jeweils innen am oberen Rand 1 bis 2 cm einfetten und mit einem Backpapierstreifen auslegen, der etwa 2 cm über den Förmchenrand ragt (siehe Tipp). Die Masse auf die Förmchen verteilen und im Tiefkühlfach mindestens 2 Stunden gefrieren lassen.

6 Zum Servieren die geeisten Soufflés rechtzeitig etwa 20 bis 30 Minuten vorher aus dem Tiefkühlfach nehmen und im Kühlschrank leicht antauen lassen. Das Backpapier vorsichtig aus den Förmchen ziehen und die Eis-Soufflés auf Dessertteller setzen. Jeweils 1 Mandarinenscheibe darauflegen und mit einigen Granatapfelkernen und Pistazien bestreuen. Nach Belieben mit Minzespitzen garnieren und mit Puderzucker bestäuben.

TIPP Durch das Backpapier lässt sich die Masse bis über den Rand hinaus in die Förmchen füllen. So sieht das Ganze nach dem Abziehen des Backpapiers tatsächlich wie ein Soufflé aus.

FÜR 4 FÖRMCHEN (À CA. 150 ML INHALT)

FÜR DAS EIS
- 25 g getr. Birnen (Kletzen)
- 50 ml heißer Früchtetee oder Gewürztee (z. B. Yogi-Tee oder bengalischer Chai-Tee)
- 25 g Walnusskerne
- 1 geh. TL Puderzucker
- ½ Blatt Gelatine
- 2 Eigelb
- 1 Ei
- 75 g flüssiger Honig
- Mark von 1 Vanilleschote
- je ½ TL abgeriebene unbehandelte Zitronen- und Orangenschale
- 200 g Sahne

AUSSERDEM
- Öl für die Förmchen
- 4 Mandarinenscheiben (geschält)
- 1 EL Granatapfelkerne
- 2 TL grob gehackte Pistazien

Beethovens Koffein-Kult oder Mozarts Kugel: In Österreichs Küche ist viel Musik drin

Schlemmen im Dreivierteltakt – in der österreichischen Küche ist echt Musik drin. Ludwig van Beethoven komponierte nächtelang in Wien. Immer wenn er müde war, kippte er sich einen Eimer kaltes Wasser über den Kopf. Und tagsüber hielt er sich mit Kaffee wach. Sein Spleen: Genau 60 Bohnen mussten für seinen Mokka aufgekocht werden.

Welche Mozartkugel ist original? Das ist hier die Frage!

Auch Walzerkönig Strauss komponierte nur nachts und im Stehen. Tagsüber ging er ebenfalls dann lieber in ein verrauchtes Kaffeehaus, als an einer vornehmen Hofgesellschaft teilzunehmen. Auch das Musikgenie Wolfgang Amadeus Mozart fühlte sich vom Wiener Hof angezogen und verließ seine Heimat Salzburg. Allerdings nicht ganz freiwillig. Ein Tritt in den Allerwertesten war der Auslöser für seinen Entschluss. Graf Arco hatte ihm den verpasst. Als Chef am Salzburger Hof hatte er den jungen Komponisten mehrmals um die Einhaltung der Regeln gebeten. Als alles nicht fruchtete, verlor er seine Contenance und Salzburg seinen berühmtesten Sohn. Kulinarisch geehrt wurde Mozart erst knapp 100 Jahre nach seinem Todestag.

01

1890 stellte der Salzburger Konditor Paul Fürst erstmalig sein Mozartbonbon vor. Eine Praline aus Pistazien-Marzipan, umhüllt von Nugat und gebadet in dunkler Schokolade. Schnell wurde daraus eine höchst erfolgreiche Verführung, die natürlich Nachahmer nach sich zog. Es wurde heftig um die Mozartkugel gestritten. Erst ließ sich Fürst die Bezeichnung „Original Salzburger Mozartkugel" schützen, dann wollten die Österreicher ausländischen Konditoreien verbieten, die runde Süßigkeit zu produzieren. Der Versuch scheiterte. Und große Diskussionen kreisten posthum auch immer um die Frage: War Mozart Österreicher oder doch Deutscher? Die vielen wissenschaftlichen Streitschriften lassen eine salomonische Antwort zu: Salzburg zählte seinerzeit zum Bayerischen Reichskreis.

01 In Wien summen über 6000 Bienenvölker. Einige Bienenstöcke sind sogar auf dem Dach der Staatsoper angesiedelt. Den „Opern-Honig" gibt's vor Ort im Shop zu kaufen.

02 Ein echtes Unikat: Die Arkaden sind eine der wenigen noch original erhaltenen Teile der Wiener Staatsoper – und ein wunderbarer Ort zum Schlendern.

03 Zwischen Torte und Mokka auch mal ans Klavier: Herr Leopold ist der singende Kellner im Café Schwarzenberg in Wien und gibt dort regelmäßig Konzerte.

02

03

Gerührte Linzer Torte

**FÜR 1 SPRINGFORM
(CA. 26 CM DURCHMESSER)**

FÜR DEN TEIG

- 150 g weiche Butter
- 125 g Puderzucker
- ½ TL Zimtpulver
- 1 Msp. gemahlene Gewürznelke
- Mark von 1 Vanilleschote
- abgeriebene Schale von ½ unbehandelten Zitrone
- 4 Eigelb
- 125 g Mehl
- 125 g gemahlene Haselnüsse
- 30 g Weißbrotbrösel

AUSSERDEM

- je 2 EL zerlassene Butter und Weißbrotbrösel für die Form
- 300 g Johannisbeerkonfitüre
- 100 g Aprikosenkonfitüre zum Glasieren
- 1–2 EL geröstete Mandelblättchen

1 Für den Teig den Backofen auf 180 °C vorheizen. Die Springform mit Butter einfetten und mit Weißbrotbröseln ausstreuen.

2 Die weiche Butter mit Puderzucker und Gewürzen in einer Rührschüssel mit den Quirlen des Handrührgeräts schaumig schlagen. Die Eigelbe nacheinander dazugeben und einzeln unterrühren. Das Mehl mit den Haselnüssen und Weißbrotbröseln mischen und zuletzt unter die Buttermasse rühren.

3 Zwei Drittel des Teigs in einen Spritzbeutel mit großer Lochtülle füllen und damit den Boden der Form vollständig bedecken, den Rand dabei etwas höher aufspritzen. Die Johannisbeerkonfitüre auf dem Boden gleichmäßig verstreichen. Dann den übrigen Teig in einen Spritzbeutel mit kleiner Lochtülle füllen und ein rautenförmiges Gitter auf die Konfitüreschicht spritzen.

4 Die Torte im Ofen auf der unteren Schiene etwa 40 Minuten backen. Sobald die Konfitüre zwischen den Teigstreifen zu köcheln beginnt, ist der Kuchen fertig. Inzwischen die Aprikosenkonfitüre in einem Topf mit 2 EL Wasser verrühren und aufkochen. Anschließend im Topf mit dem Stabmixer fein pürieren und noch einige Minuten unter gelegentlichem Rühren dicklich einkochen lassen.

5 Die Torte aus dem Ofen nehmen und auf ein Kuchengitter setzen, noch warm mit der heißen Aprikosenkonfitüre bestreichen und mit den Mandelblättchen bestreuen. Zum Servieren in Stücke schneiden und nach Belieben mit geschlagener Sahne servieren.

HERKUNFT UNBEKANNT: Über Geschmack lässt sich nicht streiten. Aber über das, was schmeckt. War es nun ein Konditor namens Linzer, der die gleichnamige Torte in Wien erfunden hat, oder ist die Süßigkeit mit dem Teiggitter obendrauf eine echte Tochter der Stadt Linz? Sicher ist nur: Das Rezept ist das älteste Tortenrezept der Welt und seit 1653 auch niedergeschrieben.

Ribiselkuchen mit Haselnüssen

FÜR 1 SPRINGFORM (CA. 28 CM DURCHMESSER)

FÜR DEN MÜRBETEIG

- 100 g weiche Butter
- 50 g Puderzucker
- Salz
- Mark von ½ Vanilleschote
- abgeriebene Schale von ½ unbehandelten Zitrone
- 1 Eigelb
- 150 g Mehl

FÜR DIE FÜLLUNG

- 50 g gemahlene Haselnüsse
- 25 g Speisestärke
- 30 g Hartweizengrieß
- 500 g Rote Johannisbeeren (frisch oder tiefgekühlt und aufgetaut)
- 4 Eiweiß
- Salz
- 150 g Zucker

AUSSERDEM

- weiche Butter für die Form
- Mehl für die Form und zum Arbeiten
- getrocknete Hülsenfrüchte zum Blindbacken
- Puderzucker zum Bestäuben

1 Für den Mürbeteig Butter, Puderzucker, 1 Prise Salz, Vanille und Zitronenschale mit den Knethaken des Handrührgeräts oder der Küchenmaschine verkneten. Das Eigelb dazugeben und untermischen. Zuletzt das Mehl hinzufügen und alles rasch zu einem glatten Teig verarbeiten. Den Teig zu einem Rechteck formen und in Frischhaltefolie gewickelt im Kühlschrank 2 Stunden ruhen lassen.

2 Den Backofen auf 200 °C vorheizen. Die Form mit Butter einfetten und mit Mehl ausstäuben. Den Teig auf der leicht bemehlten Arbeitsfläche nochmals kurz durchkneten und etwas größer als die Form ausrollen. Die Form damit auslegen, überstehende Enden abschneiden. Den Teig mit einer Gabel mehrmals einstechen, mit einem passenden Blatt Backpapier belegen und mit den Hülsenfrüchten füllen.

3 Den Boden im Ofen auf der mittleren Schiene etwa 14 Minuten backen. Herausnehmen, die Hülsenfrüchte mithilfe des Backpapiers entfernen, den Boden auf einem Kuchengitter beiseitestellen. Die Ofentemperatur auf 180 °C reduzieren.

4 Für die Füllung inzwischen die Haselnüsse in einer Pfanne ohne Fett leicht rösten, herausnehmen und abkühlen lassen. Dann mit Speisestärke und Grieß mischen. Die Johannisbeeren waschen, trocken tupfen und von den Rispen streifen. Die Eiweiße mit 1 Prise Salz zu steifem Schnee schlagen, dabei nach und nach den Zucker einrieseln lassen. Die Haselnussmischung mit etwa 400 g Johannisbeeren unter den Eischnee heben und auf dem vorgebackenen Boden verteilen. Die übrigen 100 g Johannisbeeren gleichmäßig darüberstreuen.

5 Den Kuchen im Ofen auf der mittleren Schiene etwa 45 Minuten goldbraun backen. Herausnehmen und auf einem Kuchengitter etwas abkühlen lassen, dann aus der Form lösen. Den Kuchen zum Servieren mit Puderzucker bestäuben.

TIPP Sie können aus dem Rezept auch zwei Kuchen in kleineren Springformen (à ca. 17 cm Durchmesser) backen.

Kärntner Reindling

1 Für den Hefeteig das Mehl in eine Rührschüssel sieben und in die Mitte eine Mulde drücken. Etwa 50 ml Milch lauwarm erwärmen, die Hefe hineinbröckeln und glatt rühren. Die Hefemilch in die Mulde geben und mit etwas Mehl verrühren, mit Mehl dicht bestäuben und zugedeckt an einem warmen Ort 15 Minuten gehen lassen, bis sich im Mehl Risse zeigen.

2 Die restlichen Zutaten dazugeben und alles zu einem geschmeidigen, glatten Teig verkneten. Mit einem sauberen Küchentuch zugedeckt an einem warmen Ort etwa 40 Minuten gehen lassen, bis sich das Volumen in etwa verdoppelt hat. Inzwischen den Backofen auf 175 °C vorheizen. Die Form gründlich einfetten.

3 Anschließend den Hefeteig auf der leicht bemehlten Arbeitsfläche nochmals kurz durchkneten und etwa 1 cm hoch zu einem Rechteck ausrollen. 30 g zerlassene Butter darauf verstreichen. Zucker und Zimt mischen und darüberstreuen. Die Rumrosinen mit den Nüssen gleichmäßig auf dem Teigrechteck verteilen und das Ganze von der Längsseite her kompakt aufrollen. Den Strang leicht in sich verdrehen und zu einem Ring in die Form legen. Den Kuchen nochmals zugedeckt an einem warmen Ort etwa 30 Minuten gehen lassen.

4 Dann den Kuchen mit der übrigen zerlassenen Butter bestreichen und im Ofen auf der mittleren Schiene etwa 45 Minuten backen. Dabei eventuell zwischendurch abdecken, damit er nicht zu stark bräunt. Den Reindling aus dem Ofen nehmen und aus der Form stürzen.

5 Zum Flambieren den Rum lauwarm erwärmen, in eine Schöpfkelle geben und anzünden. Sofort über den Reindling gießen und abbrennen lassen. Den Kuchen auf einem Kuchengitter abkühlen lassen und zum Servieren nach Belieben mit Puderzucker bestäuben.

FÜR 1 GUGELHUPFFORM (CA. 1,1 L INHALT)

FÜR DEN HEFETEIG
- 500 g Mehl
- 200 ml Milch
- ½ Würfel Hefe (20 g)
- 1 Ei
- 80 g Puderzucker
- 1 TL Salz
- 1 EL Vanillezucker
- abgeriebene Schale von ½ unbehandelten Zitrone
- 2 EL brauner Rum
- 50 g weiche Butter

AUSSERDEM
- weiche Butter für die Form
- Mehl zum Arbeiten
- 60 g zerlassene Butter
- 80 g Zucker
- 1 TL Zimtpulver
- 80 g Rumrosinen
- 80 g grob gehackte Walnüsse
- 4 EL brauner Rum zum Flambieren

EGAL, OB REINDLING ODER REINLING: Der Reinling ist quasi der Nationalkuchen von Kärnten. Serviert wird dieser enge Verwandte vom Gugelhupf gerne zu jedem Anlass. An Ostern, an Allerheiligen, im Advent, bei Hochzeiten oder bei anderen Familienfeiern. Der Reinling wird in einer Rein, wie die Kärntner sagen, also in einer Bratreine gebacken. Daher auch sein Name.

Rhabarber-Topfen-Kuchen

**FÜR 1 SPRINGFORM
(CA. 26 CM DURCHMESSER)**

FÜR DEN MÜRBETEIG

- 10 g Marzipanrohmasse
- 120 g weiche Butter
- 60 g Puderzucker
- Salz
- 1 Eigelb
- 190 g Mehl

FÜR DEN BELAG

- 400 g Rhabarber
- 150 g Zucker
- 10 g Vanillepuddingpulver
- Zimtpulver
- Salz
- 250 g Magerquark bzw. Topfen
- 2 Eier
- abgeriebene Schale von je ½ unbehandelten Zitrone und Orange
- 150 g Sahne

AUSSERDEM

- weiche Butter für die Form
- Mehl zum Arbeiten
- 50 g weiße Kuvertüre

1 Für den Mürbeteig Marzipan und weiche Butter in einer Rührschüssel mit den Knethaken des Handrührgeräts gründlich verkneten. Puderzucker und 1 Prise Salz hinzufügen und unterkneten. Das Eigelb dazugeben und ebenfalls untermischen. Dann das Mehl darübersieben und alles zu einem glatten Mürbeteig verkneten. Zu einem Rechteck formen und in Frischhaltefolie gewickelt im Kühlschrank etwa 30 Minuten ruhen lassen.

2 Inzwischen für den Belag den Rhabarber waschen, putzen und in etwa ½ cm kleine Würfel schneiden. In einer Schüssel mit 100 g Zucker mischen und etwa 10 Minuten ziehen lassen. Anschließend nochmals kurz durchmischen, in ein Sieb geben und abtropfen lassen. (Das ausgetretene Zuckerwasser nach Belieben mit Mineralwasser mischen und als Rhabarberschorle trinken.)

3 Für die Topfenmasse den übrigen (50 g) Zucker in einer Rührschüssel mit Puddingpulver und je 1 Prise Zimt und Salz mischen. Den Quark mit Eiern, Zitronen- und Orangenschale dazugeben und alles mit den Quirlen des Handrührgeräts glatt rühren. Die Sahne halbsteif schlagen und unterheben.

4 Die Form mit Butter einfetten. Den Mürbeteig auf der leicht bemehlten Arbeitsfläche dünn zu einem Kreis ausrollen, die Form damit auslegen und nochmals etwa 30 Minuten kühl stellen. Den Backofen auf 180 °C vorheizen. Den Mürbeteigboden im Ofen auf der mittleren Schiene 15 bis 20 Minuten goldbraun vorbacken. Herausnehmen und auf einem Kuchengitter abkühlen lassen, dabei die Ofentemperatur auf 200 °C erhöhen.

5 Inzwischen die Kuvertüre grob hacken und in einer Metallschüssel über dem heißen Wasserbad unter Rühren schmelzen. Den Mürbeteigboden mit der geschmolzenen Kuvertüre dünn bestreichen. Die abgetropften Rhabarberstücke gleichmäßig auf den Boden streuen. Zuletzt die Topfenmasse darauf verteilen und glatt streichen.

6 Den Kuchen im Ofen auf der mittleren Schiene 20 bis 25 Minuten hell backen, bis die Topfenmasse leicht zu soufflieren beginnt. Herausnehmen und auf einem Kuchengitter lauwarm abkühlen lassen.

Salzburger Mozartplatzerl

FÜR 100–120 STÜCK

**FÜR DEN SCHOKO-
HASELNUSS-TEIG**

- 350 g Mehl
- 200 g kalte Butter (in Würfeln)
- 100 g Puderzucker
- 1 Ei | 1 Eigelb
- 120 g gemahlene Haselnüsse
- 30 g Kakaopulver

**FÜR DEN MARZIPAN-
PISTAZIEN-TEIG**

- 100 g weiche Butter
- 50 g Marzipanrohmasse
  (Zimmertemperatur)
- 25 g Puderzucker
- 1 Eigelb
- 1–2 TL brauner Rum
- Salz | 150 g Mehl
- 50 g fein gehackte Pistazien

AUSSERDEM

- Mehl zum Arbeiten

1   Für den Schoko-Haselnuss-Teig das Mehl sieben. Butter und Puderzucker mit einer Teigkarte mischen, Ei und Eigelb dazugeben. Mehl, Nüsse und Kakaopulver mit der Butter verkrümeln und zügig unterkneten. Den Teig zu einem flachen Ziegel formen und in Frischhaltefolie gewickelt im Kühlschrank ½ bis 1 Stunde ruhen lassen.

2   Für den Marzipan-Pistazien-Teig die Butter, Marzipan in Flöckchen und Puderzucker mischen. Eigelb, Rum und 1 Prise Salz unterrühren. Das Mehl sieben und mit den Pistazien unterkneten. Den Teig zu 4 Rollen (à ca. 22 cm Länge und ca. 1½ cm Durchmesser) formen.

3   Den dunklen Teig nochmals durchkneten und vierteln, jedes Teigviertel auf der leicht bemehlten Arbeitsfläche zu einem Rechteck (ca. 11 × 22 cm) ausrollen. Die Teigplatten mit kaltem Wasser bestreichen und je 1 helle Teigrolle darin kompakt einwickeln, die Naht sollte dabei nur knapp überlappen. Die Naht glatt rollen. Die Rollen im Kühlschrank mindestens 30 Minuten ruhen lassen. Inzwischen den Backofen auf 180 °C vorheizen. Zwei Backbleche mit Backpapier belegen.

4   Die Rollen in etwa ½ cm dünne Scheiben schneiden und nebeneinander mit etwas Abstand auf die Bleche legen. Nacheinander im Ofen auf der mittleren Schiene 10 bis 12 Minuten auf Sicht backen. Herausnehmen, auf einem Kuchengitter abkühlen lassen (im Bild oben).

Schokobusserl

FÜR CA. 60 STÜCK

- 50 g gemahlene geschälte
  Mandeln
- 40 g Zartbitterkuvertüre
- 4 Eiweiß | 125 g Zucker
- 1 TL flüssiger Honig
- 50 g Mehl
- 2 EL Kakaopulver
- 75 g zerlassene braune Butter
  (siehe Seite 59)
- 60 Mini-Papierbackförmchen
  (à ca. 10 ml Inhalt)
- 150 g Johannisbeergelee

1   Den Backofen auf 190 °C vorheizen. Mandeln auf einem Backblech verteilen und im Ofen auf der mittleren Schiene 5 bis 8 Minuten auf Sicht leicht rösten, dabei öfter durchrühren. Herausnehmen und auf einem Kuchengitter abkühlen lassen, den Backofen nicht ausschalten.

2   Die Kuvertüre fein hacken. Die Eiweiße mit 40 g Zucker cremig schlagen, nach und nach den übrigen Zucker einrieseln lassen. Den Honig unterrühren. Mandeln, Mehl, Kakao und Kuvertüre mischen und unter den Eischnee heben. Zuletzt die braune Butter untermischen. Die Masse mit einem Spritzbeutel jeweils etwa drei Viertel hoch in die Papierbackförmchen auf einem Backblech füllen. Das Gelee mit einem Spritzbeutel mit kleiner Lochtülle in die Mitte der Busserl verteilen. Die Busserl im Ofen auf der mittleren Schiene 12 bis 15 Minuten backen. Herausnehmen und auf einem Kuchengitter abkühlen lassen.

GETRÄNKE & KAFFEE

Wie das Koffein nach Wien gekommen ist, darüber gibt es verschiedene Theorien. Die vielleicht amüsanteste geht davon aus, dass nach der Belagerung von Wien durch die Türken **ein Sack Kaffeebohnen** übrig geblieben ist. Der scharfsinnige Finder hat den Kaffee dann gesiedet und erfolgreich verkauft.

Dass die Österreicher auch heute noch sehr erfindungsreich sind, was Getränke angeht, beweist nicht nur das bullige Powergetränk mit den Flügeln. Auch der **Jagatee** ist mittlerweile weltberühmt. Und damit nicht das Gleiche passiert wie beim Kaffee, der heutzutage in aller Munde ist, hat man sich die exklusiven Namensrechte gesichert.

Alpendudler

**FÜR CA. 2½ L
(10 PERSONEN)**

- 4 EL Bergkräutertee
  (Teemischung z. B. aus getr.
  Minze, Zitronenmelisse, Himbeer-
  und Brombeerblättern, Zitronen-
  verbene, Kornblumenblüten,
  Ringelblumen)
- 100 g Ahornsirup
- 2 l Mineralwasser
  (mit Kohlensäure)

1 In einem kleinen Topf ½ l Wasser zum Kochen bringen. Die Tee-mischung hineinstreuen, den Topf vom Herd nehmen und den Tee mit geschlossenem Deckel etwa 5 Minuten ziehen lassen.

2 Anschließend den Tee durch ein Sieb in eine Karaffe abgießen, dabei die Teemischung entfernen. Den Ahornsirup unter den Tee rüh-ren und alles erst auf Zimmertemperatur abkühlen lassen. Dann den Tee im Kühlschrank noch etwa 2 Stunden kühl stellen (alternativ auf Eiswasser kalt rühren – das geht schneller).

3 Zum Servieren pro Person etwa 200 ml Mineralwasser in ein großes Glas gießen und mit 50 bis 60 ml Tee auffüllen (im Bild links).

Schuhbecks Wilderertee

**FÜR CA. 800 ML
(4 PERSONEN)**

- 1 unbehandelte Orange
- 1 Flasche Rotwein (¾ l)
- 75 g Zucker
- 1 Zimtstange | 2 Nelken
- 1 aufgeschlitzte Vanilleschote
- ¼ l kräftiger Schwarztee
- 10 cl Orangenlikör
  (z. B. Grand Marnier)
- 2 cl Mandellikör
  (z. B. Amaretto)
- 2 cl brauner Rum

1 Die Orange heiß waschen, abtrocknen und 1 Schalenstreifen abzie-hen. Die Frucht halbieren und auspressen. Den Wein mit Zucker, Oran-genschale und -saft, Zimt, Nelken und Vanille in einem Topf erhitzen.

2 Den Tee mit beiden Likören und dem Rum hinzufügen und alles noch einige Minuten ziehen lassen, dabei den Herd ausschalten oder den Topf vom Herd nehmen. Zum Servieren die Gewürze wieder ent-fernen und den Wilderertee auf Teegläser verteilen (im Bild rechts).

TIPP Der Tee wird noch feiner, wenn man erst ein Viertel des Zuckers im Topf hell karamellisiert und mit Orangensaft ablöscht. Den Wein aufgießen und mit den übrigen Zutaten wie beschrieben fertigstellen.

HEISS UND PATENTIERT: Ursprünglich war es ein Heißgetränk für Jäger, Förster und Waldarbeiter. Heute ist der Jägertee, auf gut Österreichisch „der Jagatee", der Stoff, aus dem die Après-Ski-Träume sind. Der hochprozentige Tee ist geschützt und darf nur in Österreich hergestellt werden.

Skiwasser

1 Das Mineralwasser mit dem Himbeersirup und dem Zitronensaft in einer Karaffe verrühren. Auf Gläser verteilen.

2 Nach Belieben noch je 1 Stück unbehandelte Zitronenschale und 1 Scheibe Ingwer einlegen (im Bild links).

TIPP Wer den Klassiker auf den österreichischen Skihütten einmal abwandeln will, kann die Sirupmenge je zur Hälfte (2 EL) auf Himbeersirup und Holunderblütensirup verteilen.

FÜR 2 PERSON
- 400 ml Mineralwasser (mit Kohlensäure)
- 4 EL Himbeersirup
- 1 Spritzer Zitronensaft

Schuhbis Flügerl

1 Die gemischten Beeren verlesen, waschen und trocken tupfen, dabei große Erdbeeren etwas kleiner schneiden.

2 Alle Zutaten bis auf den Ahornsirup in einem hohen Rührbecher mit dem Stabmixer zu einem cremigen Drink pürieren (alternativ im Hochleistungsmixer arbeiten). Zuletzt alles mit Ahornsirup süßen und auf Gläser verteilen (im Bild rechts).

TIPP Anstelle des Kurkuma-Latte-Gewürzes lässt sich das Flügerl auch mit Frühstücksquarkgewürz verfeinern. Oder Sie mischen je 1 Prise Zimt- und Ingwerpulver, gemahlene Vanille, gemahlenen Kardamom und gemahlene Kurkuma unter den Mix.

FÜR CA. 700 ML (4 PERSONEN)
- 150 g gemischte Beeren (z. B. Blau-, Brom-, Erd- oder Himbeeren)
- ¼ l ungesüßter Haferdrink (ersatzweise Milch)
- ½ TL Kurkuma-Latte-Gewürz (siehe Tipp)
- 250 g Magerquark bzw. Topfen
- 1 EL Omega-3-Öl (z. B. mildes Leinöl)
- 4 EL Ahornsirup (ersatzweise 2 EL Honig)

Kaisermelange

FÜR 1 PERSON
- 1 (sehr frisches!) Eigelb
- 1 TL flüssiger Honig
- 1 EL Weinbrand
- 1 Tasse verlängerter Espresso (siehe Tipp)
- 2 EL cremig geschlagene Sahne

1 Das Eigelb mit dem Honig und dem Weinbrand in einer kleinen Schüssel mit einem Schneebesen möglichst schaumig aufschlagen.

2 Den Espresso in ein vorgewärmtes Kaffeeglas oder eine vorgewärmte Kaffeetasse füllen. Darauf vorsichtig den Eigelbschaum setzen. Zuletzt die Schlagsahne daraufgeben (im Bild links).

TIPP Unter einem „Verlängerten" versteht man einen Espresso, der mit der doppelten Menge kochend heißem Wasser aufgegossen ist.

Gerührter Wiener Eiskaffee

FÜR 2 PERSONEN
- 4 Kugeln Vanilleeis
- 2 Kugeln Kaffeeeis
- 1 EL Kaffeelikör
- 2 abgekühlte Ristretto-Kaffees (siehe Tipp)
- 6 EL cremig geschlagene Sahne sowie etwas geschlagene Sahne zum Garnieren

1 Einen hohen Rührbecher und zwei Eiskaffeegläser etwa 30 Minuten vor dem Servieren ins Tiefkühlfach stellen.

2 Danach Vanilleeis, Kaffeeeis, Kaffeelikör, Ristretto und cremige Schlagsahne in den gekühlten Rührbecher füllen und alles mit dem Stabmixer zügig zu einem cremigen Eiskaffee pürieren.

3 Den Eiskaffee in die eisgekühlten Gläser füllen und jeweils mit 1 Tupfer Schlagsahne garnieren. Am besten mit einem Limonadenlöffel oder einem Strohhalm servieren (im Bild rechts).

TIPP „Ristretto" heißt auf Deutsch „verkürzt" und bezeichnet einen Espresso, der nur mit der halben Menge an kochend heißem Wasser hergestellt ist. Ersatzweise können Sie auch einfach einen Espresso mit ½ TL Instant-Kaffeepulver verrühren.

Café und Kaffee –
die Wiener Tradition
um die braune Bohne

Küss' die Hand, gnä' Frau!" „Habe die Ehre, Herr Hofrat!" Frau Baronin hier, Herr Professor da. Die Begrüßung in einem Wiener Kaffeehaus trieft vor Übertreibungen und ist Ausdruck der österreichischen Titelsucht. Selbst der Service will ordentlich angesprochen werden. Es heißt „Herr Ober" und nicht bloß „Ober". Nahezu unübersichtlich ist die Vielfalt der angebotenen Heißgetränke: „großer Brauner", „Fiaker", „Einspänner". Das hört sich nach Lippizaner und Hofreitschule an. Sind aber alles feine Spezialitäten aus knapp 350 Jahren Kaffeehausgeschichte.

Großer Brauner, Einspänner, Fiaker – was ist eigentlich was?

Der große Braune ist ein doppelter Espresso mit einem Schuss aufgeschäumter Milch. Der Fiaker ein Mokka mit Kirschwasser oder Rum. Nur

der Einspänner hat tatsächlich was mit Pferdln zu tun. Der große Mokka mit viel Schlagobers wird in einem Glas mit großem Henkel serviert. Damit der Kutscher die Zügel in der einen Hand und den Kaffee in der anderen Hand halten kann. Coffee to go, à la Vienna. So ein Kaffeehaus ist auch mehr als ein normales Café. Auf der Speise-

01

karte stehen nicht etwa nur süße Spezialitäten. Hier gibt es Sacher-Würstl mit Kaisersemmel genauso wie ein kleines Gulasch mit Brot. Das Kaffeehaus ist Treffpunkt, Bibliothek und Arbeitsplatz gleichermaßen. Diese Tradition haben die berühmtesten Dichter und Denker begründet. Ob die Malerfürsten Klimt, Kokoschka und Schiele oder die Dichter Kafka, Kraus und Roth – für alle war das Kaffeehaus die zweite, für einige sogar die erste Heimat. Und manch einer ließ sich selbst seine Post in sein Stammlokal zustellen. Ganz besonders berühmt war das Café Herrenhof. Hier bestellte man seinen Kaffee so: „Herr Ober, bitte einen 16er!" Der Kellner hatte nämlich immer eine durchnummerierte Farbskala von Schwarz bis milchig Braun dabei. Und da konnte man sich die Lieblingsfarbe seines Kaffees aussuchen.

02

01 Perfekte Kulisse für ein perfektes Schmankerl: das „Sacher Eck" im Hotel Sacher in Wien.

02 Die Original Sacher-Torte wird mit ungezuckerter Sahne serviert. Das soll den süßen Schokoladengeschmack kompensieren.

03 Die Sacher Melange ist – im Vergleich zur Wiener Melange – mit ungezuckerter Sahne zubereitet statt mit Milch. Das rundet das Kaffeearoma besser ab.

04 Der Einspänner (doppelter Espresso mit Sahne) ist eine Wiener Kaffeespezialität. Praktisch: Die Sahnehaube hält den Espresso länger warm.

05 Ab 1873 versorgte die „Gerstner K. u. K. Hofzuckerbäckerei" den Kaiser mit süßen Köstlichkeiten. Heute liefert die Konditorei an Kunden aus aller Welt.

03

04

05

DANKSAGUNG
Der ZS-Verlag sagt danke an alle, die uns so tatkräftig beim Fotoshooting in Wien unterstützt haben:

Wien Tourismus und **Ilse Heigerth**, der besten Fremdenführerin Wiens für ihre Organisation und ihre gute Laune

Sophie Wikinsky und **Elisabeth Waxmund** vom Hotel Sacher Wien für ihre Gastfreundschaft und enorme Hilfsbereitschaft

das Team des „Zwölf Apostelkeller" für ihre Bewirtung, ihre Zeit und Geduld

Josef Kröppel für seine „offene Tür" und seiner Präsentation des legendären Beinschinkens

Café Schwarzenberg und Herrn Leopold für sein spontanes Ständchen

Fiaker Paul und den Pferden Mandula und Villam, die trotz Zeitdruck eine Fahrt ermöglicht haben

den Brüdern vom Wurststand „Zum Scharfen René" für alle Köstlichkeiten und Geschichten rund um die Wurst

Gerstner K. u. K. Hofzuckerbäckerei, die uns ihre wunderschönen Räume zur Verfügung gestellt haben

Saskia Wegele, die immer für den letzten Feinschliff gesorgt hat

Benedikt Roth und **Tobias Holz** für ihr professionelles Auge und ihr großes Engagement

BILDNACHWEIS
Umschlag:
Cover oben (Porträtfoto): Benedikt Roth
Cover links unten und rechts unten:
Mathias Neubauer
Cover Mitte unten: Shutterstock
Buchrückseite: Mathias Neubauer

Innenteil:
S. 2 und 3: oben links: Benedikt Roth; oben Mitte und oben rechts: Mathias Neubauer; unten links: Mathias Neubauer; unten Mitte: Benedikt Roth; unten rechts: Mathias Neubauer // S. 5: Benedikt Roth // S. 12-13; 26-27; 62-63; 92-93; 108-109; 128-129: Benedikt Roth

Wegweiser zur Sendung

© Benedikt Roth

Impressum

© 2020 ZS Verlag GmbH
Kaiserstraße 14 b
D-80801 München

ISBN 978-3-96584-047-8
1. Auflage 2020

Projektleitung: Stella Paschen
Rezeptküche: Monika Reiter
Redaktionelle Mitarbeit & Lektorat: Kathrin Gritschneder
Vorwort: Rudolf Bögel
Texte: Rudolf Bögel, Stella Paschen
Coverentwurf: Melville Brand Design (Florian Brugger)
Grafisches Konzept: Melville Brand Design
(Florian Brugger), Catharina Burmester
Grafische Gestaltung und Satz: Catharina Burmester
Peoplefotografie und Stills: Benedikt Roth
Foodfotografie: Mathias Neubauer
Foodstyling: Andreas Neubauer
Herstellung: Frank Jansen
Producing: Jan Russok
Druck und Bindung: optimal media GmbH, Röbel

Kurze Wege schonen die Umwelt
Dieses Buch wurde in Deutschland gedruckt

In Zusammenarbeit mit dem BR Fernsehen in Lizenz
durch die BRmedia Service GmbH

Im Buch enthaltene Fotos können zur eigenen Nutzung
erworben werden unter www.stockfood.com

Die ZS Verlag GmbH ist ein Unternehmen der
Edel SE & Co. KGaA, Hamburg.
www.zsverlag.de | www.facebook.com/zsverlag

ALFONS SCHUHBECK

Der Meisterkoch, Autor und Unternehmer ist ein wahres Multitalent. In seinen Lehr- und Wanderjahren hat er seinen Horizont in Genf erweitert, in den Schmelztiegel Paris hineingeschnuppert und das Asien-geprägte London erkundet. Und von dort ein großes Wissen über Aromen und Gewürze mitgebracht, die seiner bayerischen Küche etwas Besonderes geben.

Willkommen
bei Alfons Schuhbeck!

Alfons Schuhbecks Restaurants „Südtiroler Stuben" sowie das „Orlando" liegen am historischen Platzl, im Herzen von München. Hier finden Sie auch seine Kochschule, seinen Partyservice, seinen Eissalon, seinen Gewürz- und Teeladen. Die Produkte von Alfons Schuhbeck können Sie bequem im Onlineshop bestellen. Weitere Informationen erhalten Sie im Internet, telefonisch oder persönlich am Platzl.

Schuhbecks | Platzl 2 | 80331 München
Tel.: 089 / 21 66 90 - 0
www.schuhbeck.de
www.schuhbeck-gewuerze.de